하나님
당신을 갈망합니다

The God Chasers

by Tommy Tenney

Copyright ⓒ 1998 by Tommy Tenney
Originally published by Destiny Image
167 Walnut Bottom Road, P.O.Box 310
Shippensburg, PA 17257-1310 USA.
All rights reserved.

Korean translation copyright ⓒ 2002 by Tyrannus Press
95 Seobinggo-Dong, Yongsan-Ku, Seoul, Korea

본 저작물의 한국어 판권은 Destiny Image와
독점 계약한 '두란노'가 소유합니다. 저작권법에 의하여 한국 내에서
보호를 받는 저작물이므로 무단 전재와 무단 복제를 금합니다.

하나님, 당신을 갈망합니다

지은이   토미 테니
옮긴이   윤종석
초판발행 2002. 10. 8.
88쇄발행 2025. 1. 8.
등록번호 제3-203호
등록된 곳 서울시 용산구 서빙고로65길 38
발행처   도서출판 두란노
영업부   2078-3333
FAX   080-749-3705
출판부   2078-3477
인쇄처   아트프린팅

* 책값은 뒤표지에 있습니다.

ISBN 89-531-0205-7 03230

독자의 의견을 기다립니다.
tpress@tyrannus.co.kr
http://www.Durano.com

경건 62

두란노서원은 바울 사도가 3차 전도 여행 때 에베소에서 성령 받은 제자들을 따로 세워 하나님의 말씀으로 양육하던 장소입니다. 사도행전19장 8-20절의 정신에 따라 첫째 목회자를 돕는 사역과 평신도를 훈련시키는 사역, 둘째 세계선교(TIM)와 문서선교(단행본·잡지)사역, 셋째 예수문화 및 경배와찬양 사역, 그리고 가정·상담 사역 등을 감당하고 있습니다. 1980년 12월 22일에 창립된 두란노서원은 주님 오실 때까지 이 사역들을 계속할 것입니다.

당신을 갈망합니다

두란노

도처에서 하나님을 좇는 사람들, 그분의 임재를 추구하는 사람들에게 이 책을 바친다.

이 책은 갈급한 그들을 위해 씌어진 것이다.

일부러 문체와 스타일과 구조를 일상 대화에 가깝게 했다.

독자들의 식욕을 돋워, 그들로 하여금 '여호와의 선하심을 맛보아 알게' 하기 위해서.

contents

추천사	체 안 목사, 신디 제이콥스 외	6
서문	하나님은 잡힐 날을 기다리고 계신다!	13
1장	얼굴을 갈망하라 / 하나님은 굶주리고 갈급한 자들을 찾고 계시다	16
2장	천국 빵을 얻으라 / 교회는 텅 비었고 사람들은 굶주렸다	36
3장	가까이 나아가라 / 하나님은 이제 눈빛으로 인도하기 원하신다	58
4장	육체를 버리라 / 완전히 죽은 자들만이 하나님의 얼굴을 본다	78
5장	임재로 들어가라 / 하나님은 직접 만나 친밀하게 교제하길 원하신다	98
6장	영광을 구하라 / 하나님의 영광을 경외함으로 준비할 때다	116
7장	땅을 회복하라 / 하나님의 도시들이 정복되고 성령의 샘이 터진다	138
8장	영향을 미치라 / 하나님 임재의 향기만으로도 주변은 변화된다	150
9장	자신을 깨뜨리라 / 내 옥합을 깨뜨려 주님께 기름부은 자들을 기억하신다	162
10장	간절히 기도하라 / 간절한 기도를 잊지 않으시고 결국은 응답하신다	180

추 천 사

식어 버린 영혼에 불을 지핀다

"이 책은 당신 마음에 '하나님 임재'를 향한 불을 활활 타오르게 할 것이다. 토미 테니는 교회들에게, 주님과 새로운 관계에 들어서라고 허심탄회하게 촉구한다. 경고하건대 이 책은 위험한 책이다. 지금 편안하고 만족스러워 그 상태로 있기 원한다면 아예 책을 펴지도 말라!"

신디 제이콥스(Cindy Jacobs), '중보 기도 전사' 공동 창설자

"하나님을 좇는 것은 단거리 경주의 반복이 아니라 장거리 마라톤이다. 거룩한 하나님의 임재에 붙잡힌 토미 테니는, 그분 제자로서 자신의 일편단심을 솔직히 들려준다. 토미는 이제 이전의 토미가 아니다. 「하나님 당신을 갈망합니다(The God Chasers)」를 읽고 따르는 사람들도 마찬가지가 될 것이다."

제인 핸슨(Jane Hansen), 워싱턴 에드몬즈, Aglow International 총재

"이따금씩 기독교 서점에는 모든 독자를 '죽일' 만한 위력을 지닌 책이 등장한다. 이 책은 마음 약한 사람들이 읽을 책이 아니다. 하나님을 좇다가 죽을 각오가 된 사람들을 위한 책이다. 토미 테니는 하나님의 임재를 추구하다 날마다 죽는 그런 사람이다. 이것은 삶을 바꿔 주는 책이다!"

켄 고트(Ken Gott), 영국 선덜랜드, Revival Now!

"토미 테니 목사의 이 책은 당신의 삶을 달라지게 할 것이다. 그는, 아무 열정도 없이 주님 주위만 맴도는 안일한 종교 생활을 청산하고 진정 하나

님을 추구하는 자가 되라고 촉구한다. 나는 이 메시지에 전적으로 공감한다. 날마다 꾸준히 하나님을 만나고 그분의 임재를 붙잡음으로써 새 힘을 얻으라. 그리고 나가 싸우는 자가 되어야 한다. 역사상 하나님이 쓰신 이들을 보면, 배경과 문화는 다 달랐지만 그들의 열정은 다 똑같았다. 그것은 하나님을 알고 그분과 동행하고자 하는 열정이다. 오래 전 이 진리를 깨달으면서 내 신앙 생활과 사역은 완전히 달라졌다. 한 차원 높은 영성으로 살아가기 원한다면, 피상적인 그리스도인의 일상에서 벗어나라. 하나님 임재와 능력과 영광을 맛보기 원하는가? 이 책이 바로 당신을 위한 책이다."

클라우디오 프레이존(Claudio Freidzon), 아르헨티나 부에노스아이레스, 만왕의 왕 교회 목사

"당신은 하나님을 좇는 자인가? 아니면 그분이 당신을 좇고 계신가? 토미 테니의 이 책은, 그리스도께 대한 헌신과 다른 이들을 위한 섬김이 좀 부족하다고 스스로 느끼는 이들에게 깊은 깨우침과 도움을 준다. 성경 속 영웅들과 현대의 영웅들을 만나는 사이, 독자들은 다시금 초점을 가다듬고 자신의 사명을 끌어안게 된다. 우리는 복음 전파의 기회가 사방에 널려 있는 중요한 시기를 살고 있다. 하나님과 말씀과 성령을 좇는 자들만이 그 사명을 끌어안을 것이다. 우리는 역사를 만들거나 역사의 구경꾼이 되거나 둘 중 하나다. 토미 테니의 책은 우리를 가정과 직장 그리고 경우에 따라서는 국내외 사역지에서 역사를 창출하는 사람이 되게 해준다."

제럴드 코우츠(Gerald Coates), 영국 서레이 에서, 강사 · 작가 · 방송인

"이제 참된 예배자가 아버지께 영과 진리로 예배드릴 때가 오는데 지금이 바로 그때다! 아버지는 이렇게 예배드리는 자들을 찾고 계신다(요 4:23). 토미 테니는 성령의 사역자요 하나님의 능력을 증거하는 자다. 그와 함께 하나님의 명백한 임재를 뜨겁게 추구하는 사이, 당신의 눈은 젖어들고 심장은 갈급하여 뛸 것이다."

밥 와이너(Bob Weiner), 국제 와이너 사역과 도서출판 마라나타 창설자

토미 테니는 현재의 교회 시스템을 다분히 '종교적인 그러나 텅 빈' 것으로 정의한다. 그는 '우리는 하나님의 자녀이면서도 그분의 마음을 얻지 못할 수 있다'고 말한다. 당신은 하나님의 마음을 얻지 않고는 견딜 수 없어서 즉각 회개하며 부르짖을 것이다. 이 책에 대해 내가 말할 수 있는 가장 놀라운 사실은 이것이다. 이 책을 읽고 따르면 당신 안에 하나님을 향한 갈급함이 생겨날 것이고 그 갈급함은 영광스런 충족에 이르는 시발점이 될 것이다. 이유는? 주리고 목마른 자는 의로, 하나님으로 채움 받기 때문이다! 이 책을 읽고 하나님을 좇는 자가 되라."

찰스 그린(Charles Green), 루이지애나 뉴올리언스, 믿음 교회 목사

"그리스도인 지도자나 장차 지도자가 될 사람이라면 누구나 꼭 읽어야 할 책이다. 하나님이 21세기 교회를 인도하시는 방향에 대한 계시가 담겨 있다. 변화는 당장 시작돼야 한다. 올바른 영적 질서가 세워져야 한다. 새 천년을 위한 새 패러다임에 따라 반드시 우선순위가 바뀌어야 한다. 하나님께 보좌를 내드려야 한다. 그분이 우리 삶의 모든 영역에서 중심이자 절대적 목표가 돼야 한다.

토미 테니는 하나님의 계획과 목적, 친밀함을 갈망하는 자들을 보실 때 그분의 심장이 뛰는 것을 간파했다. 그분은 보좌를 내드리는 자들에게 능력을 주신다. 이 책을 실천하면 세상 모든 교회에 개인적 부흥과 집단적

부흥이 일어나 수많은 영혼들이 구원받을 것이다."

에마누엘 캐니스트라시(Emanuele Cannistraci) 캘리포니아 산호세, 복음 교회 담임목사

"급박한 시대는 급박한 대책을 부른다는 말이 있다. 이 시대는 하나님 앞에서 한가하게 얼쩡거리는 자들을 위한 시대가 아니다. 이 책은 시대의 부름이다. 야곱은 다리를 놓을 시간이 없었다. 대신 그는 한밤중에 강을 건넜다. 하나님을 추구하며 길을 찾았다. 얍복 강가에서의 씨름으로 그는 이름이 바뀌었고 평생의 삶이 달라졌다. 우리가 살고 있는 이 시대는 삶을 바꿔 놓는 하나님과의 만남에 애타게 굶주려 있다. 각자가 깨닫고 여정에 나서야 한다. 이 책은 바른 방향을 가리켜 준다. 내 아들 토미를, 그리고 시대에 걸맞은 이 책을 추천한다."

T. F. 테니(Tenney)

"하나님의 임재에는 기름부음을 넘어서는 차원이 있다. 아론은 제사장으로 기름부음 받은 후 즉시 돌아서 하나님의 임재 안으로 들어갔고 이레 동안 나오지 않았다. 기름부음은 영광의 세계에 들어서는 준비 작업이었다.

하나님이 오늘날 그 백성을 인도하시는 곳이 바로 거기라고 생각한다. 최근까지 교회들은 기름부음에 초점을 두고 가르쳐 왔다. 그러나 지금은 하나님 임재의 영광으로 옮겨지고 있다. 이 책은 독자들의 내면 깊은 곳에 가 닿는다. 그리스도는 휘장을 지나 자신의 명백한 임재 안으로 들어오라고 우리를 부르고 계신다. 그 차원으로 끌려가는 당신을 보게 될 것이다."

리처드 허드(Richard Heard), 텍사스 휴스턴, 크리스천 교회 담임목사

"누군가 내게 하나님을 찾고 그분을 깨닫고 그분을 기쁘시게 하고 그분을 누리고 그분을 통해 변화받는 법을 가르쳐 준다고 하면, 나는 그 사람이 평생 그것을 열심히 추구해 결실을 본 사람이기를 원할 것이다. 토미 테니

가 바로 그런 사람이다. 이 책을 통해 우리에게 참된 청사진을 제시해 준 그에게 고마움을 전한다."

체 안(Che Ahn) 캘리포니아 패서디나, 추수 반석 교회 담임목사

"토미 테니의 간증과 글은 당신의 기도 생활에 당장 활력을 불어넣을 것이다. 내 경우에는 그랬다! 하나님을 향한 애타는 갈급함과 넘치는 기름부음, 그 두 가지를 사이클처럼 체험하며 살아가는 그리스도인들이 있다. 이 책은 당신도 그중 하나가 되라고 도전한다. 마음을 열고 읽으면 삶이 달라질 것이다."

세르지오 스카타글리니(Sergio Scataglini), 아르헨티나 라플라타, 천국문 교회 담임목사

"토미의 책을 읽었다. 방 안에는 나 혼자뿐이지만 내 몸이 심히 떨린다! 그분을 알고 싶은 열망에 사로잡힌다. 나는 실제로 토미와 함께 있으면서 주님을 향한 그의 갈급함을 직접 보았다. 주님 임재를 향한 그의 열정은 내게 도전을 준다. 토미의 삶은 내 삶을 바꿔 놓았다. 나는 하나님의 영광을 계속 볼 것이다. 그분은 오늘 우리 가운데 역사하고 계신다. 이 책을 읽으라! 천천히 읽으라! 그리고 하나님을 좇는 자가 되라!"

돈 핀토(Don Finto), 테네시 내쉬빌, 벨몬트 교회 목사

"하나님을 알아가는 데 따르는 멋진 위험을 다룬 명작이다. 마음에 흥분과 긴장을 가져다 주는 강렬하고 도전적인 책이다. 토미는 절실하고 결연한 심정으로 우리에게 하나님을 추구할 것을 권하며 강편치를 아끼지 않는다."

테드 해가드(Ted Haggard), 콜로라도 콜로라도스프링즈, 새생명 교회 담임목사

"토미 테니는 성경의 사례와 개인 간증을 통해 모든 참된 예배자들이 지닌 깊은 갈망을 드러낸다. 그것은 하나님 임재에 대한 갈망이다. 더 이상 주

님과의 '평균치' 또는 '적당한' 관계로는 안 된다. 하나님의 성령으로 더 충만해야만 한다."

래리 스탁스틸(Larry Stockstill), 베다니 세계 기도원 목사

"모든 복음 사역자에게 도전한다. 이 책을 들고 이틀만 하나님과 단 둘이 보내라. 이 책이 당신 안에 갈증을 낳게 하라. 최신 '유행하는 신앙'이 아니라 하나님 자신에 대한 갈증이라야 한다. 토미 테니는 교회의 가장 절실한 필요를 다루고 있다. 하나님의 임재를 새롭게 만나야 할 필요성이다. 읽고 다른 사람들한테도 권하라."

데이비드 래븐힐(David Ravenhill)
For God's Sake Grow Up!(하나님을 위해 성장하라!)의 저자

"이 책은 진정 교회를 향한 열정과 감동의 메시지다. 주제는 단순하다. 하나님의 얼굴과 그분의 영광을 구해야 한다는 것이다. 테니 목사는 성경과 예화 등 다양한 방법으로 우리 눈을 열어 자기가 보는 것을 보게 해준다. 그것은 바로 성령의 임재 안에 사는 삶, 능력으로 변화되는 삶, 메시아 예수님을 기뻐하는 삶이다! 이 책에 분명하게 밝혀진 약속을 모른 체 할 이유가 무엇인가? 그 이하의 것에 안주할 까닭이 무엇인가?"

대니얼 저스터(Daniel Juster) 티쿤(Tikkun) 사역 대표

"정말 이 책은 저자의 마음에서 우러나는 '난로가의 대화' 같이 느껴진다. 그만큼 가깝고 따뜻하며 실감나게 다가온다. 예수님과 친밀한 관계를 누리기 원하는 모든 이의 마음에 와 닿는 책이다. 읽기도 정말 쉽다. 토미의 말을 직접 듣는 것 같다. 예수님을 좀더 체험하기 원하는 모든 이들, 특히 하나님을 추구하는 동료 사역자들에게 이 책을 적극 추천한다."

어네스트 챈(Ernest Chan), 아가페 부흥 센터 총재

"우리는 다 부흥을 갈망하지만 그것은 하나님만이 주실 수 있는 것이다. 부흥의 스케줄이나 프로그램을 우리 힘으로 짤 수는 없어도, 우리는 성경의 길을 따라 회개하고 거룩한 삶을 살며 부흥을 기대할 수는 있다. 이 책은 부흥 입문서 이상의 책이다. 부흥을 목표로 하나님을 추구하도록 떠미는 책이다. 우리 시대에 참된 부흥 보기를 간절히 소원하는 자라면 누구나 읽어야 할 필독서다."

펠릭스 류(Felix Liu), 로스앤젤레스 복음 대만 교회 담임목사

"어느 세대든 전통이나 의무로 하나님을 섬기는 사람들이 있다. 또 어느 세대든 단순히 하나님이 '필요한' 차원을 넘어선 사람들이 있게 마련이다. 그들은 하나님을 원하는 갈급한 심령으로 그분을 찾는 일에 평생을 내던진다. 그들은 영과 진리로 주님을 예배하고 섬길 자리를 찾는 '보기 드문 추적자'다. 토미 테니는 전 존재로 그분을 갈망하는 사람의 좋은 모델이다. 그의 삶이 그것을 잘 보여 준다. 이 책을 강력 추천한다. 이 책이야말로 금세기의 가장 영향력 있는 책 중 하나로 단순한 추종자들과 참 제자들을 가려내 줄 것이라 믿는다."

킹슬리 플렛처(Kingsley A. Fletcher), 노스캐롤라이나, 생명 공동체 교회 담임목사

서 문

하나님은 잡힐 날을 기다리고 계신다!

하나님이 존재하신 한 하나님을 좇는 사람들도 언제나 있다. 역사엔 그들의 이야기가 즐비하다. 내 이야기는 그중 하나일 뿐이다. 이런 이야기는 지성소 즉 하늘과 맞닿은 곳에 이르는 약도라고 할 수 있다.

하나님을 좇는 사람들은 시대와 문화를 초월한다. 그들의 출신 배경은 말할 수 없이 다양하다. 떠돌이 목자 아브라함, 말더듬이 양자 모세, 양치는 소년 다윗에 이르기까지 우리는 모든 시대에서 역사상 존재했던 그들을 만날 수 있다. 잔 귀용(Jeanne Guyon) 부인, 에반 로버츠(Evan Roberts), 아주사 거리에서 명성을 얻은 윌리엄 세이무어(William Seymour) 등 세월이 흘러도 그 이름은 사라지지 않고 오늘에까지 이른다. 하나님을 좇는 사람들의 이름은 역사만 알고 있지만 그들이 존재했던 것만은 분명하다. 당신도 그중 하나인가? 갈급함이 만족을 앞지르는 사람, 하나님은 그런 사람에게 잡힐 날을 기다리고 계신다.

하나님을 좇는 사람들은 공통점이 많다. 우선 그들은 누구나 아는 무미건조한 진리에 진 칠 마음이 없다. 그들은 전능자의 신선한 임재를 추구한다. 그들의 추구가 기성 교회의 눈살을 찌푸리게 할 때도 있지만, 대개 그들은 교회를 무미건조한 자리에서 하나님이 임재하시는 자리로 옮겨 놓는 역할을 한다. 당신이 진정 하나님을 좇는 자라면 단순히 하나님의 발자국을 따라가는 것으로 족하지 않을 것이다. 그분의 임재가 느껴질 때까지 따라갈 것이다. 하나님의 '진리'와 '계시'의 차이는 아주 단순하다. 진리는 하나님이 계셨던 곳이다. 계시는 하나님이 계신 곳이다. 진리는 하나님의 발자국이다. 하나님의 발자취요 그분이 지나가신 길이다. 하지만 그 길이

가 닿는 곳은 어디인가? 그 길은 그분께로 이어진다. 많은 사람들은 하나님이 계셨던 곳을 아는 것으로 족할지 모른다. 그러나 진정 하나님을 좇는 사람들은 하나님의 발자취 즉 진리를 살피는 것만으로 만족하지 않는다. 그들은 그분을 알기 원한다. 그분이 지금 어디서 무엇을 하고 계신지 알기 원한다.

안타깝게도 오늘날 수많은 교회가 명탐정 행세를 하고 있다. 확대경을 손에 들고 하나님이 지나가신 경로를 살피고 있는 것이다. 물론 사냥꾼은 동물이 지나간 자리를 살핌으로써 많은 것을 알아낼 수 있다. 동물이 이동한 방향, 그곳을 지나간 후 경과된 시간, 동물의 무게, 성별 따위를 판별할 수 있다. 불행히도 오늘날 교회는 하나님이 지나신 경로와 그곳을 지나실 때의 무게, 심지어 그분의 성별까지 따지느라 엄청난 시간과 에너지를 소비하고 있다. 진정 하나님을 좇는 이들에게는 이 모든 것이 하찮은 일이다. 그들은 하나님이 현재 계시는 곳인 '계시'의 지점에 이를 때까지 그 진리의 경로를 바짝 좇아 달리기 원한다.

하나님을 좇는 자도 무미건조한 진리에 흥분했을지 모른다. 그 길을 지나쳐 간 영광의 무게와 그것이 얼마 전 일인지를 가려내고 감격했는지도 모른다. 하지만 바로 그 점이 문제다. 그것이 얼마 전의 일인가? 그렇다면 이제 진정 하나님을 좇는 자가 되라. 그들은 과거의 진리로 만족하지 않는다. 현재의 진리를 찾아야만 한다. 하나님을 좇는 사람들은 곰팡이 핀 책 속에서 하나님이 하신 일을 살피려 하지 않는다. 그들은 하나님이 지금 하고 계신 일을 보고 싶어 몸이 달아 있다. 현재의 진리와 과거의 진리는 엄청난 차이가 있다(벧후 1:12 참조). 유감스럽게도 교회가 살펴온 것들은 대부분 과거의 진리다. 우리가 알고 있는 것 중 현재의 진리는 거의 없다. 진정 하나님을 좇는 사람을 알아보고 싶다면, 흥분해서 날뛰며 짖어대고 꼬리치는 개를 생각해 보라. 하나님을 좇는 사람한테 하나님이 곁에 계시다는 냄새만 피워 보라. 그리고 어떻게 하는지 보라. 성경에도 있듯이 물

기운이 돌면 그로 인해 많은 일이 생긴다(욥 14:9 참조). 냄새의 흔적을 좇는 사냥개처럼 그들은 먹이에 이를 때까지 흥분을 가누지 못한다. 이 경우 먹이는 하나님의 임재다.

　이것만은 말할 수 있다. 나는 하나님을 좇는 사람이다. 하나님을 만난 다른 많은 사람도 마찬가지다. 당신도 하나님을 좇는 사람들의 무리에 끼지 않겠는가?

　우리는 그저 그분과 함께 있기 원한다.

하나님을 좇는 사람 토미 테니

1

얼굴을 갈망하라

|하나님은 굶주리고 갈급한 자들을 찾고 계시다

우리는 하나님이 살고 계신 곳을 안다고 생각한다. 하나님이 좋아하시는 것을 안다고 생각한다. 하나님이 싫어하시는 것이라면 더 확실히 안다고 생각한다. 심지어 교회들에게 주신 그분의 옛 연애 편지들과 그분이 하신 말씀을 하도 많이 봐서, 하나님에 대해 모든 것을 안다고 주장하는 사람들도 있다. 그러나 그렇게 생각하는 전 세계 수많은 사람, 당신과 나 같은 이들에게 다시금 들려오는 음성이 있다. 고요한 밤이면 고막을 뚫을 듯 집요하게 되풀이되는 음성.

"네가 나에 대해 얼마나 아는지 묻지 않으마. 내가 묻고 싶은 것은 이것이다. 너는 정말 나를 아느냐? 너는 정말 나를 원하느냐?"

나는 내가 그런 줄 알았다. 내가 사역을 아주 성공적으로 잘하고 있는 줄 알았다. 나는 미국에서 크다고 꼽히는 교회들에서 말씀을 전했고, 훌륭한 하나님의 사람들과 함께 국제 전도 사역도 했다. 러시아에 수차례 방문해 꽤 많은 교회의 개척을 거들기도 했다. 나는 하나님을 위해 많은 일을 했다. 그것이 내가 해야 할 일인 줄 알았기 때문이다.

그러나 어느 가을의 일요일 아침에 있었던 일로 모든 것이 달라졌다! 내 사역의 모든 업적과 공로는 그 사건으로 완전히 뒤집어졌다. 그것은 내 오랜 친구의 전화에서 시작되었다. 텍사스 휴스턴에서 목회하고 있던 그는 자기 교회에 와 설교해 달라고 부탁했고, 나는 왠지 올 것이 왔다는 기분이었다. 친구의 전화가 오기 전부터 내 마음에는 갈급함이 생겨나 좀처럼 사라질 줄 몰랐다. 성취한 일은 많았지만 나를 괴롭히는 공허감은 갈수록 더해지고 있었다. 힘이 쭉 빠지고 두려웠다. 하나님이 주신 '필연적인' 우울이었던 것 같다. 그의 전화를 받았을 때 나는 하나님이 주실 그 뭔가가 기다리고 있다는 느낌이 들었다. 그것이 하나님과의 놀라운 만남일 줄은 둘 다 미처 몰랐다.

우리 집안은 성령 충만한 집안으로 4대째 기독교를 믿어 왔고 3대째 목회자의 길을 걷고 있지만, 솔직히 말해 나는 교회에 신물이 났다! 나는 우리가 그토록 매주 예배에 끌어들이려 하는 대다수 사람과 다를 바 없었다. 그들이 오지 않는 것도 교회에 신물이 났기 때문이다. 그러나, 매일 교회 옆을 지나다니고 십자가 첨탑이 늘 보이는 곳에 살며 습관처럼 예배드리러 오는 그 수많은 사람이 교회에 진절머리가 났을지라도, 그들 속에는 하나님에 대한 갈급함이 있다.

뭔가 일어날 것 같은 예감

그들은 몸에 부적을 지니고 다닌다. 점쟁이의 말을 듣기 위해 하루 수백 달러의 복채도 아끼지 않는다. 운세를 점치는 데 쓰는 전화비가 연간 무려 수십억 달러에 달한다. 이런데도 그들에게 하나님에 대한 갈급함이 없다고는 말할 수 없으리라. 그들은 뭔가 자기를 초월한 것, 오늘날 교회에서 들려주지 못하는 것을 간절히 듣고 싶어한다. 사실, 사람들이 교회에 신물이 난 것은 교회가 책(성경)에 실린 내용과 다르기 때문이다!

사람들은 더 높은 힘과 통하기 원한다! 그 갈급함 때문에 그들은 교회만 빼고 모든 곳을 찾아다닌다. 그들은 영혼을 괴롭히는 굶주림을 채우려 육신의 욕망을 추구하고 나섰다. 그런데 '목회자' 라 불리는 내가, 예수님을 아직 한번도 만나지 못한 사람들과 똑같은 굶주림으로 고통당했으니… 그야말로 아이러니다! 나는 예수님에 대해 아는 것만으로 더 이상 만족할 수 없었다. 우리는 대통령, 왕족, 유명인에 대해 모든 것을 알 수 있다. 그들의 식생활 습관이며 주소며 결혼 관계를 알 수 있다. 그러나 그들에 대해 안다고 해서 그들과 친하다는 뜻은 아니다. 물론 그들을 '안다' 는 뜻도 아니다.

지금은 온갖 소문, 얘기들이 입에서 입으로, 신문에서 신문으로, 사람에서 사람으로 전해지는 정보화 시대다. 상대를 직접 알지 못해도 얼마든지 그에 관한 정보를 거래할 수 있다. 두 사람이 최근 어떤 명사에게 닥친 비운이나 성공에 대해 대화하는 것을 당신이 엿들었다 하자. 그들이 그 사람을 아는 것처럼 보일지도 모르지만 사실 그들은 그에 대한 정보를 갖고 있을 뿐이다! 교회는 이미 오래 전부터 하나님에 관해서는 정통해 왔다. 우리는 어떤 기술들에 대해서는 말하지만 하나님과의 대화는 없다. 그것이 '상대를 아는 것' 과 '상대에 대해 아는 것' 의 차이다. 대통령, 왕족, 명사…우리는 그들에 대해 많은 정보를 알 수 있으나 정말 그들을 아는 것은 아니다. 행여 내가 그들을 직접 대면하게 된다면, 누군가 그들을 내게 소개해 줘야만 한다. 상대에 대한 지식이 곧 친밀한 우정이 될 수는 없기 때문이다.

> 나는 예수님에 대해 아는 것만으로 더 이상 만족할 수 없었다. 교회는 이미 오래 전부터 하나님에 관해서는 정통해 왔다. 하지만 하나님과의 대화는 없다. 그것이 '상대를 아는 것'과 '상대에 대해 아는 것'의 차이다.

단순히 하나님에 대해 아는 것으로는 부족하다. 오늘날 교회들에는 성경 퀴즈 대회에서 이길 수는 있어도 하나님은 잘 모르는 사람들이 많다. 안타깝게도 우리 중에는 기복 신앙부터 금욕 신앙까지 온갖 것에 얽매여 있거나 곁길로 빠진 사람들이 있다. 우리는 자기 의(義)에 취할 대로 취해 버려, 우리의 소원과 갈망은 성령의 소원과 전혀 별개가 되고 말았다.

조심하지 않으면 우리는 내게 편한 목사, 내게 편한 교회, 내게 편한 친구들 등 '편안함의 우상'을 만들어 낼지도 모른다. 그 편안함에 빠져 교회 옆을 지나다니는 수많은 사람, 만족을 모르는 채 상처받고 죽어 가는 그 영혼들을 까맣게 잊을 수도 있다! 나는 우리가 그들에게 예수 그리스도의 복음을 전하려는 작은 노력조차 하지 않는다면, 갈보리에서 흘리신 그분의 피를 헛되게 하는 것이라고 생각했다. 그거야말로 내 마음을 불편하게 한다.

뭔가가 더 필요했다. 나는 하나님을 아주아주 가깝게 만나고 싶어 죽을 지경이었다. 어쨌든 그 주일 아침에 나는 텍사스의 친구 교회에서 설교한 후 집으로 돌아왔다. 그 주 수요일, 친구 목사한테서 다시 전화가 왔다. "토미, 자네와 나는 오래 된 친구일세. 그리고 여태까지 한 사람을 두 주 연달아 주일 설교에 초청한 적은 없네. 하지만… 자네가 이번 주일에도 여기 와 줄 수 있겠나?" 나는 수락했다. 우리는 하나님이 뭔가 하시려 한다는 것을 느꼈던 것이다. 이제껏 우리는 하나님을 좇았는데, 이제는 거꾸로 하나님이 우리를 좇고 계신 것일까? 이러다 우리가 좇던 것에 잡히는 게 아닐까?(빌 3:12)

둘째 주일은 더 뜨거웠다. 일요일 저녁 예배가 끝났는데 아무도 교회를 떠나려 하지 않았다. "어떻게 하지?" 친구 목사가 물었다. "월요일 밤 기도회를 갖게. 딴 내용은 필요 없을 거야. 사람들의 갈급한 정도에 따라 추이를 지켜보도록 하세." 월요일 기도회에 400명이 참석했다. 우리가 한 일은 하나님의 얼굴을 구하는 것뿐이었다. 분명 뭔가 벌어지고 있었다. 휴스턴 도성의 놋쇠 하늘에 작은 균열이 생기고 있었다. 집단적 갈증은 집단적 채움을 갈망하고 있었다.

그리고 그 주 수요일, 목사가 다시 전화를 걸어 왔다. "토미. 이번 주 일요일에 다시 와 줄 수 있겠나?" 그의 말 너머로 성령의 소리가 들렸다. 그의 진짜 관심은 '내'가 다시 오는 것이 아니었다. 그와 내가 함께 원한 것은 하나님이었다. 그는 하나님을 좇는 동료였고 우리는 뜨겁게 그분을 추구하고 있었다. 그 교회에서 드린 예배와 기도회는 내 안에 갈증의 불꽃을 지펴 놓았다. 그들도 좇을 준비가 돼 있었다. 나는 금방이라도 그분을 '잡을' 것 같은 기분이었다. 재미있는 말 아닌가? 그분을 잡다니! 사실 그건 불가능한 일이다. 동(east)이 서(west)를 잡을 수 없는 것처럼 우리는 그분을 잡을 수 없다. 동과 서는 서로 너무 멀리 떨어져 있다. 마치 '나 잡아 봐라' 놀이와 같다.

나와 딸아이는 세상 수많은 아버지가 자식들과 벌이는 이 뻔한 장난을 즐기곤 한다. 아이가 잡으러 달려오면 나는 굳이 뛸 필요가 없다. 내가 거구이긴 하지만 천천히 이리저리 잘 피하기만 하면 아이는 내게 손도 대지 못한다. 여섯 살 난 아이가 어른을 잡을 수는 없는 노릇 아닌가. 하지만 정말 게임의 취지는 그게 아니다. 몇 분만 지나면 아이는 웃으며 "아빠–"를 부른다. 그 순간, 내 몸을 잡지 못한 아이가 내 마음을 사로잡는다. 나는 돌아선다. 이제 아이가 나를 쫓는 것이 아니라 내가 아이를 쫓는다. 나는 아이를 잡는다. 우리는 함께 끌어안고 뽀뽀하며 풀밭을 구른다. 쫓는 자와 쫓기는 자가 바뀐다. 바로 이와 같다. 우리도 그분을 잡을 수 있지 않을까? 손으로 쥐어 잡는 것은 아니겠지만 우리는 그분의 마음을 잡을 수 있다. 다윗도 그랬다. 우리가 그분의 마음을 잡으면 그분은 돌아서 우리를 쫓아오신다. 그것이 하나님을 좇는 자가 되는 것의 매력이다. 우리는 불가능을 좇는다. 그것이 가능함을 알기에.

휴스턴의 그 교회에는 주일날 1, 2부 예배가 있었다. 1부는 8시 반에 시작되고 2부는 11시에 시작된다. 3주째 다시 갔을 때였다. 호텔에 혼자 있는데 뭔가 묵직한 기름부음이 느껴졌다. 성령의 감싸심이었다. 나는 온몸을 떨며 울었다.

적중된 예감, 하나님 임재 사건

이튿날 아침 8시 30분 주일예배를 드리러 교회로 갔다. 이른 아침 시간에 흔히 그렇듯, 무리가 졸리운 얼굴로 앉아 무덤덤하게 예배를 드리려니 했다. 그런데… 예배실로 들어가 맨 앞줄에 앉는데, 숨 막힐 듯한 공기 속에 하나님의 임재가 이미 빽빽이 들어차 있음이 느껴졌다. 호흡이 곤란할 정도였다. 음악 팀이 찬양 인도를 계속하느라 애먹고 있는 것이 한눈에 보였다. 그들은 눈물을 주체할 수 없었던 것이다. 연주가 점점 힘들어졌다. 하나님의 임재가 너무 강렬하게 머물자 마침내 그들은 노래도 연주도 더는 할 수 없었다. 예배 인도자는 키보드 뒤에 주저앉아 울고 있었다.

내 평생 제대로 결정한 일이 하나 있다면 바로 그날의 결정이었다. 그토록 하나님이 '잡힐' 것 같은 때는 없었다. 나는 결코 막을 생각이 없었다. 나는 아내 지니에게 "당신이 올라가 우리를 계속 하나님께로 이끌어 주시오"라고 말했다. 지니는 예배와 중보기도로 사람들을 하나님께 이끄는 은사가 있다. 아내는 조용히 앞으로 나가 계속 주님께 나아가도록 인도했다. 거창하달 것은 전혀 없었다. 극히 단순했다. 그것만이 그 순간에 어울리는 반응이었다.

그 분위기는 내게 이사야 6장 말씀을 생각나게 했다. 누차 읽었던 말씀이고 감히 직접 체험하게 되길 꿈꿨던 내용이다. 말씀에 보면 성전에 여호와의 영광이 가득했다. 한 장소에 여호와의 영광이 가득하다는 말의 의미를 나는 그때까지 전혀 몰랐다. 하나님이 임하시거나 지나가시는 거야 전에도 느껴 봤지만 그날 그 교회에서는 달랐다. 건물에 이미 성령이 충만할 대로 충만했고 하나님의 임재는 글자 그대로 실내에 꽉꽉 메워져 있었다. 마치 웨딩드레스의 긴 옷자락 같았다. 신부의 몸이 건물에 들어선 후에도 주인을 따라 계속 건물 안으로 끌려오는 드레스의 뒷자락 말이다. 그곳에 하나님이 계셨다. 그것만은 틀림없었다. 이사야서에서처럼 건물 전체가 가득 찰 때까지 그분의 실내 진입은 멈출 줄 몰랐다. 산소가 희박해져 호흡이 거의 불가능할 지경이었다. 실내는 여기저기 숨죽여 흐느끼는 소리뿐이었다. 그 속에서 친구 목사가 나를 보며 물었다.

"토미, 예배를 이어받을 준비가 됐나?" "이보게, 저기 올라서기가 아무래도 두렵네. 하나님이 뭔가 하시려는 것이 느껴져서 말일세." 이렇게 말하는 중에도 내 얼굴에는 눈물이 흐르고 있었다. 나는 하나님이 나를 때려눕히실까 봐 두려웠던 것도 아니고 뭔가 불미스런 일이

> 건물에 이미 성령이 충만할 대로 충만했고 하나님의 임재는 글자 그대로 실내에 꽉꽉 메워져 있었다. 이사야서에서처럼 건물 전체가 가득 찰 때까지 그분의 실내 진입은 멈출 줄 몰랐다. 실내는 여기저기 숨죽여 흐느끼는 소리뿐이었다.

생길까 봐 두려웠던 것도 아니다. 다만 나는 실내를 가득 메우고 있는 고귀한 임재를 방해하여 슬프게 하고 싶지 않았다! 우리 인간들은 어느 정도까지만 성령께 통제권을 내드린다. 얼마나 오랫동안 그래왔던가. 일반적으로 우리는, 상황이 내 안전지대와 통제를 조금만 벗어나면 당장 끼어들어 칼을 휘두른다.

성경은 데살로니가전서 5장 19절에서 이것을 '성령을 소멸하는' 것이라고 했다. 우리는 성전 휘장 앞에 멈춰 서서 더 이상 들어가지 못할 때가 얼마나 많은지 모른다.

"역대하 7장 14절 말씀을 읽어야 할 것 같네. 주님이 주신 말씀이야." 친구 목사는 말했다. 나는 눈물 범벅이 된 채로 고개를 끄덕였다. "그렇게 하게." 내 친구는 여간해서 속을 드러내지 않는 사람이다. 본래 그는 감정이 '차분한' 사람이다. 그러나 자리에서 일어나 연단으로 올라가는 그는 눈에 띄게 떨고 있었다. 그 순간 뭔가가 일어날 것을 강하게 느낀 나는 맨 앞줄에서 맨 뒤로 옮겨 음향실 옆에 섰다. 나는 하나님이 뭔가 하시리라는 것을 알았다. 다만 어디서 어떻게 하실지 몰랐다. 그 일은 내 옆에서 벌어질 수도 있었고 내 뒤에서 벌어질 수도 있었다. 나는 하나님을 잡지 않고는 견딜 수 없었고, 어떤 일이 벌어지든 잘 보기 위해 뒤쪽으로 간 것이다. 그 일이 연단에서 벌어질 줄은 몰랐다. 뭔가 일어나리라는 것만 알았을 뿐이다. "하나님, 무슨 일을 하시든 꼭 보고 싶습니다."

친구 목사는 연단 중앙에 있는 투명 강대상 앞에 서서 성경을 펴고 역대하 7장 14절의 준엄한 말씀을 차분하게 읽었다.

내 이름으로 일컫는 내 백성이 그 악한 길에서 떠나 스스로 겸비하고 기도하여 내 얼굴을 구하면 내가 하늘에서 듣고 그 죄를 사하고 그 땅을 고칠지라(대하 7:14).

이어 그는 성경을 덮고 떨리는 손으로 강대상 귀퉁이를 붙잡고는 이렇게 말했다. "주님이 우리에게 주시는 말씀은 그분의 혜택을 구하는 일을 그만두고 그분 자신을 구하라는 것입니다. 우리는 더 이상 그분의 손이 아니라 그분의 얼굴을 구해야 합니다."

그 순간 건물 안에 천둥 같은 소리가 울렸다. 목사는 글자 그대로 위로 들어올려졌다가 3미터쯤 뒤로 쿵 나가떨어졌다. 강대상과는 꽤 먼 거리였다. 목사가 뒤로 나자빠지는 사이 강대상은 앞으로 넘어졌다. 강대상 앞쪽에 놓여 있던 예쁜 꽃 장식이 바닥에 떨어졌다. 바닥에 닿는 순간 강대상은 이미 두 조각이 나 있었다.

그것은 첨단 아크릴 합성수지로 만들어진 것이었는데, 공학자들에 따르면 이 재료는 평방 인치당 수만 파운드의 압력을 견딜 수 있다고 한다. 그렇게 단단한 강대상이 벼락에라도 맞은 듯 둘로 쪼개진 것이다! 그 순간 하나님 임재에 대한 두려움이 손에 만져질 듯 실내를 가득 메웠다.

나는 즉시 마이크 앞으로 나가 말했다. "하나님이 지금 이곳에 들어오셨습니다. 목사님은 괜찮습니다. 곧 괜찮아질 것입니다." 그러나 그는 2시간 반이 지나서야 겨우 자리에서 일어날 수 있었고, 그때도 안내자들이 그를 들쳐 업어야 했다. 살아 있다는 증거로 손만 가늘게 떨고 있을 뿐이었다. 내가 말하는 동안 안내자들은 재빨리 앞으로 달려가 목사를 살피고 두 동강난 강대상을 일으켜 세웠다. 동강난 강대상에 눈길을 주는 사람은 아무도 없었다.

임재 사건의 결과, 회개와 구원

우리는 휘장이 찢어진 천국에 빨려들고 있었다. 하나님의 임재가 폭탄처럼 그곳에 내리쳤다. 사람들은 울고 통곡하기 시작했다. 나는 "여러분의 삶이 잘못됐다면 지금이야말로 하나님과의 관계를 바로잡을 때입니다"라고 말했다. 그런 강단 초청은 생전 처음이었다. 그야말로 아수라장이었다. 사람들은 앞으로 나아오기 위해 서로 밀쳐 댔다. 기다릴 수 없는 이들은 의자를 밟고 넘었다. 양복 입은 사람들은 급히 넥타이를 풀었다. 사람들은 글자 그대로 서로 밟고 올랐다. 여태 들어본 적이 없는, 가장 무서운 회개의 화음 속에서 말이다. 지금도 그때 생각을 하면 등골이 오싹해진다. 오전 8시 30분 예배 때 시작된 그 강단 초청이 그날 일곱 번이나 더 반복될 줄은 꿈에도 몰랐다.

11시 예배 시간이 됐는데 아무도 자리를 뜨지 않았다. 사람들은 여전히 엎드려 있었고, 음악 연주도 거의 없는데도 예배의 열기는 걷잡을 수 없이 더해 갔다. 남자들이 발레를 추었고 어린아이들도 회개하며 울부짖었다. 엎드린 이들도 있고 서 있는 이들도 있고 무릎 꿇은 이들도 있었는데, 모두 그분의 임재 안에 있었다.

그곳에 임한 하나님의 임재와 능력이 어찌나 강렬하던지 사람들은 세례 받을 필요성을 절박하게 느끼기 시작했다. 회개의 문에 들어선 사람들이 하나 둘씩 자기 곁에 다가온 하나님의 영광과 임재를 체험하는 모습을 나는 보았다.

그들은 세례를 간절히 원했다. 그러나 목사는 여전히 바닥에 누워 있었고, 나는 어찌해야 좋을지 난감했다. 몇몇 눈에 띄는 사람들이 내게 다가와, 세례 받고 싶은데 어떻게 해야 하느냐고 물었다. 구원받지 못하고 있다가 이제 구원받은 사람들의 행진에 가담하려는 것이었다. 순전히 하나님의 임재를 만난 결과였다. 그날 그곳에는 설교도 없었고 이렇다 할 찬송도 없었다. 그저 성령뿐이었다.

2시간 반이 지났다. 그때까지도 목사는 겨우 손가락 하나를 움직여 장로들을 불러야 하는 형편이었기에 안내자들은 목사를 들쳐 업고 사무실로 옮겼다. 한편 사람들은 내게 또는 아무나 보이는 사람에게 세례 받을 수 있는 방법을 물었다.

나는 외부 강사였기에 그들에게 세례를 주도록 명하는 것은 권한 남용이었다. 그러고 싶지 않았다. 그래서 사람들을 목사 사무실로 보내 세례를 줘도 되는지 알아보게 했다.

강단 초청은 계속됐다. 수백 명의 사람들이 앞으로 나오고 있었고, 내게 세례에 대해 묻는 사람들이 점점 더 많아졌다. 그러나 목사 사무실로 보낸 사람들이 하나도 돌아오지 않는 것이었다. 마침내 나는 수석 부목사를 보내며 말했다. "세례에 대해 담임목사의 뜻이 어떤지 알아봐 주십시오. 아무도 돌아와 내게 말해 준 사람이 없습니다." 목사 사무실에 고개를 들이민 부목사는 깜짝 놀랐다. 목사가 아직도 누워 있었고 내가 보냈던 사람들도 모두 바닥에 엎드러져 하나님 앞에 울부짖고 회개하고 있었던 것이다. 그는 급히 돌아와 내게 상황을 전하며 이렇게 덧붙였다. "가서 물어보겠습니다. 하지만 저도 그 사무실에 들어가면 돌아오지 못할지 모릅니다."

나는 어깨를 으쓱해 보이며 부목사에게 동의했다. "세례를 줘도 좋을 것 같습니다." 그래서 우리는 주님 앞에 회개한 데 대한 물리적 증

> 사람들은 하나님의 임재를 강하게 느껴 걷잡을 수 없이 울음을 터뜨렸다. 건물 안에 들어서자마자 문간에서 그대로 바닥에 고꾸라진 사람들도 있었다. 그날 벌어진 일은 딱 한 가지다. 하나님의 임재가 나타난 것!

표로 사람들에게 세례를 주기 시작했다. 그렇게 시작한 세례가 몇 시간이고 계속됐다. 사람들이 점점 더 교회로 모여들었다. 1부 예배 사람들마저 떠나지 않고 있었기 때문에 교회 건물 밖은 온통 주차장으로 변했다. 교회당 옆의 커다란 야외 운동장은 주차된 차로 북새통을 이루었다. 주차장에 들어서면서부터 사람들은 하나님의 임재를 강하게 느껴 걷잡을 수 없이 울음을 터뜨렸다. 그들은 무슨 일인지도 모른 채 주차장이나 운동장으로 꾸역꾸역 들어왔다. 차에서 내리자마자 몸이 비틀거려 주차장을 간신히 지나온 사람들도 있었다. 건물 안에 들어서자마자 문간에서 그대로 바닥에 고꾸라진 사람들도 있었다. 속수무책인 사람들이 문간에서 떠밀다시피 해 안내자들은 입구를 터야 했고, 복도는 그들로 꽉 차 발 디딜 틈이 없었다. 가까스로 복도 중간까지 이른 사람들도 있었고 로비까지 왔다가 땅에 엎어져 회개하는 사람들도 있었다.

어렵사리 예배당 안까지 온 사람들은 자리를 찾을 필요조차 없었다. 곧바로 강단 앞으로 나왔기 때문이다. 어떻게 해서 어디까지 왔든, 얼마 안 있어 그들은 울며 회개하기 시작했다. 앞서 말했듯이 설교는 전혀 없었다. 음악이 차지한 시간도 없었다. 그날 벌어진 일은 딱 한 가지다. 하나님의 임재가 나타난 것! 그분의 임재가 나타날 때 우리가 맨 먼저 하는 일은 여호와를 보았던 이사야와 똑같다. 그는 영혼 깊은 곳에서 이렇게 울부짖었다.

그때에 내가 말하되 화로다 나여 망하게 되었도다 나는 입술이 부정한 사람이요 입술이 부정한 백성 중에 거하면서 만군의 여호와이신 왕을 뵈었음이로다(사 6:5).

하나님의 택하신 종 이사야 선지자가 영광의 왕을 뵙는 순간, 그때까지 그가 깨끗하고 거룩하다고 생각했던 것은 더러운 누더기로 변했다. "나는 여태 내가 하나님을 아는 줄 알았다. 그런데 내가 모르는 하나님의 모습이 이렇게 많다니!" 그것이 이사야의 깨달음이었다.

그 주일 우리는 하나님 바로 옆에까지 간 것 같았다. 우리는 그분을 잡을 뻔했다. 이제 나는 그것이 가능한 일임을 안다. 그날 아침 8시 30분에 시작된 이상한 예배를 시작으로 사람들은 끊임없이 예배실 안으로 몰려들었다. 나는 오후 4시경이 돼서야 잠시 요기하러 나갔다가 즉시 교회로 다시 돌아왔다. 아직도 떠나지 않은 사람들이 많았다. 끝없는 '주일 아침 예배'는 월요일 새벽 1시까지 계속됐다. 월요일 저녁 집회는 광고할 필요도 없었다. 다들 이미 알고 있었다. 솔직히, 광고를 하든 안 하든 집회는 열렸을 것이다. 사람들은 잠시 눈을 붙이거나 꼭 해야 할 일을 처리하러 집에 갔다가 '뭔가를 더 얻고 싶어서' 돌아왔다. 그것은 사람이나 프로그램이 아니라 하나님과 그분의 임재였다.

사건을 불러일으킨 갈급함

밤마다 목사와 나는 안에 들어와 말했다. "이제 어떻게 하지?" 사실 우리의 답은 뻔한 것이었다. "자네는 어떻게 하고 싶은가?" 그 말은 이런 뜻이었다. "난 모르겠네. 하나님이 무엇을 원하실까?" 때로 우리는 교회를 '움직여 보려고도' 했다. 그러나 갈급하게 울부짖는 사람들은 어느새 하나님의 임재에 빨려들었고, 그 순간 하나님이 우리를 움직이고 계셨다!

하나님은 교회의 음악이나 첨탑, 멋있는 건물 따위에 개의치 않으신다. 그분은 교회의 카펫에 감동하지 않으신다. 하나님은 우리가 그분을 위해 무슨 일을 할 수 있는지 별로 문제 삼지 않으신다. 그분이 문제 삼으시는 것은 오직 하나, 다음 질문에 대한 우리의 대답이다. "너는 나를 원하느냐?"

우리는 성령이 들어설 여지가 전혀 없을 정도로 교회 예배 프로그램을 빈틈없이 준비한다. 그분이 말씀하시도록 잠깐은 시간을 내드릴 수 있다. 그러나 그분이 우리의 스케줄을 벗어나려 하면 우리는 불안해진다. 우리는 하나님이 우리의 상자 밖으로 나가는 것을 좀처럼 허용하지 못한다. 그분이 우리가 준비한 모든 것을 망칠 수도 있기 때문이다. 그래서 나는 기도한다. "주님. 우리의 상자를 깨뜨리소서. 주님 한테서 온 것이 아니면 모두 부숴 주소서!"

한 가지 묻겠다. 교회에 와서 "우리는 주님만을 바랍니다" 하고 고백해 본 적이 언제인가? 혹 임하시지 않을까 두려워 하나님 바라는 것을 겁내고 있지는 않은가? 여기 우리에게 주신 약속이 있다. "오직 여호와를 앙망하는[바라는] 자는 새 힘을 얻으리니"(사 40:31). 우리는 하나님이 주시려는 것들을 누리지 못한 채 나약한 그리스도인으로 살아가고 있다. 현세적 욕심을 이길 힘을 얻지 못한 채 주어진 특권에 못 미치는 삶을 살고 있다. 이유를 알고 싶은가? 우리에게 임하셔서 능력 주실 하나님을 바라지 않기 때문일 수 있다. 우리는 내 힘으로 너무 많은 것을 하려 든다. 그것에 대해 탓하려는 것은 아니다. 나는 대다수 그리스도인과 지도자가 진정 선한 뜻으로 살아가고 있음을 안다. 그러나 그 이상의 것이 훨씬 많이 있다. 우리도 야곱처럼 하나님을 잡을 수 있다. 그러나 그분을 잡으면 여태까지의 걸음걸이가 망가질 수 있다! 그래도, 어쨌든, 우리는 그분을 잡을 수 있다. 많은 사람들이 부흥 얘기에 넌더리가 날 정도로 부흥을 듣고 배우고 얘기했다. 나도 그 일이 생업이었다. 나는 부흥을 설교했고 그래야 하는 줄 알았다. 그때 하나님이 상자를 깨고 나오셨다. 그분은 그렇게 임하셔서 모든 것을 부수셨다. 이후 연속 4-5주 동안 매일 밤마다 수백 명의 사람들이 줄지어 회개하고 그리스도를 받아들이고 예배하고 기다리고 기도했다. 과거와 현재의 역사 속에서 일어났던 일이 다시 벌어졌다. 그때 퍼뜩 깨달은 것이 있다. "하나님은 모든 곳에서 이렇게 하고 싶으시다." 수개월간 그분의 명백한 임재가 그곳에 머물렀다.

내가 아는 한 그분을 막을 수 있는 것은 하나뿐이다. 배고파하지 않는 것. 굶주림이 없는 곳에 그분은 성령을 부으시지 않는다. 그분은 갈급한 자들을 찾으신다. 갈급함이란 기존 상태에 만족하지 않는다는 뜻이다. 우리가 모든 것을 그분께 넘겨드릴 준비가 되었을 때, 그분은 그때 오신다. 하나님은 교회의 소유권을 되찾으러 오고 계신다. 그러나 우리에게 갈급함이 있어야만 한다.

그분은 우리 가운데 자신을 나타내기 원하신다. 그분은 우리의 육신이 감당할 수 없을 때까지 더 강하게, 더 강하게, 더 강하게 임하길 원하신다. 그러한 임재의 매력은, 지나가던 불신자들도 저항할 수 없다는 것이다. 그 일이 이미 시작됐다. 나는 열린 천국 옆을 지나던 죄인들이 고속도로에서 내려 교회로 몰려들던 모습을 보았다. 그들은 휘둥그레진 눈으로 주차장에 차를 세웠다. 그들은 문을 두드리며 말했다. "여기 뭔가 있습니다… 나도 얻어야겠습니다."

혹시 전도지를 돌리고 집집마다 문을 두드리고 이것저것 일을 벌이는 데 지쳤는가? 우리는 오랜 세월 일을 벌이려 애써 왔다. 이제 그분

> 내가 아는 한 그분을 막을 수 있는 것은 하나뿐이다. 배고파하지 않는 것. 굶주림이 없는 곳에 그분은 성령을 부으시지 않는다. 그분은 갈급한 자들을 찾으신다. 갈급함이란 기존 상태에 만족하지 않는다는 뜻이다.

이 일을 벌이고 싶어하신다! 그분이 하고 계신 일이 무엇인지 궁금하지 않은가? 한번 알아보고 거기 동참하지 않겠는가? 예수님도 그러셨다. 그분은 말씀하셨다. "아버지, 무엇을 하십니까? 저도 그 일을 하겠습니다"(요 5:19-20 참조).

하나님은 우리의 교회 안에 들어오길 원하신다. 사람들의 시선을 전혀 개의치 않을 정도로 하나님을 갈급해 본 적이 언제인가? 그러한 갈급함에 한번 도전해 볼 것을 제안한다. 모든 잡념과 시선을 잊어버리고 한 가지만 생각하라! 하나님이 친히 교회에 '침투' 하심으로써 일어난 이 사건을 읽은 지금, 기분이 어떤가? 혹 갈급함이 사라진 지 오래되지 않았는가? 마음을 사로잡는 것은 무엇인가? 오래 전부터 죽은 줄로만 알았던 갈급함이 되살아나고 있는 것이 느껴지지 않는가? 지금 느끼는 그 기분을 경험한 것이 언제인가? 일어나 그분의 임재를 구하라. 하나님을 좇는 사람이 되라.

나는 지금, 소위 말하는 찬양과 경배의 감격에 대해 말하는 것이 아니다. 우리는 '완벽한' 음악을 만드는 법을 안다. 노래도 훌륭하고 반주도 화려하고 모든 것이 완벽해 보인다. 그러나 내가 얘기하는 것은 그것이 아니다. 지금 우리 마음에 갈급함을 유발하는 것도 그것이 아니다. 지금 나는 하나님의 임재에 대한 갈급함을 말하고 있다. 그렇다. 하나님의 임재에 대한 갈급함이다.

잠시 입바른 소리를 해보자. 나는 문제의 진상을 알고 있다. 교회는 교만한 자기 의에 젖어 살아온 지 하도 오래돼 악취를 풍길 정도다. 코를 감싸 쥐신 하나님은 우리의 현 상태를 차마 눈뜨고 보실 수 없다. 식당이나 식품점에서 여염집 아이들이 멋대로 성깔을 부리고도 아무 탈 없다면 당신이나 나는 못마땅해할 것이다. 우리의 자기 의에 대한 하나님의 심정도 똑같다. 하나님은 우리의 교만한 '자기 의'를 불편해하신다. 우리는 우리 자신의 생각처럼 그렇게 '착실하지' 않다. 그런 일이 벌어지게 한 것은 무엇인가? 회개다!

그때에 세례 요한이 이르러 유대 광야에서 전파하여 가로되 회개하라 천국이 가까왔느니라 하였으니 저는 선지자 이사야로 말씀하신 자라 일렀으되 광야에 외치는 자의 소리가 있어 가로되 너희는 주의 길을 예비하라 그의 첩경을 평탄케 하라 하였느니라 (마 3:1-3).

    회개는 우리의 마음을 닦고 곧게 한다. 회개는 우리 삶과 교회, 가정의 모든 낮은 곳을 높이고 모든 높은 곳을 깎는다. 회개는 하나님의 임재에 대해 우리를 준비시킨다. 사실 회개 없이는 그분의 임재 안에 살 수 없다. 회개가 있기에 그분의 임재를 추구할 수 있다. 회개는 우리가 하나님께 이를, 또는 하나님이 우리에게 이르실 길을 닦는다. 세례 요한에게 물어보라. 그가 길을 닦았을 때 예수께서 그 길로 오셨다.
    내가 하려는 말의 골자는 이것이다. "나는 하나님을 만나러 간다"고 고백한 것이 언제인가? 당신의 마음을 차지한 모든 것을 내려놓고 회개의 길로 달려가 하나님을 구한 것이 도대체 언제인가?
    나는 설교 잘하는 것, 사람들이 많이 모이는 것을 추구했었다. 하나님을 위해 큰일을 시도했었다. 그러나 나는 부서졌다. 이제 나는 하나님을 좇는 자다. 그 밖의 다른 것은 더 이상 중요하지 않다. 그리스도 안에서 형제로서 말한다. 나는 사람들을 사랑한다. 그러나 나는 그분을 더 사랑한다. 다른 사람이나 사역자들이 나를 어떻게 생각하는지는 이제 내 안중에 없다. 나는 하나님을 좇아간다. 이것은 교만의 문제가 아니다. 갈급함의 문제다. 우리가 마음과 영과 몸을 다해 하나님을 좇아갈 때 그분은 돌아서서 우리를 만나 주신다. 그분을 만나고 나올 때 우리는 세상에 대해서는 망가진 존재가 된다.

그러나 세상의 좋은 것들도 그 너머에 있는 좋은 것들에 비하면 아무것도 아니다. 그러므로 우리 마음이 성령으로 깨어지도록 속박을 풀라. 지금은 우리의 삶을 거룩하게 할 때다. 전에 보던 것을 그만 보라. 전에 읽던 것을 그만 읽으라. 하나님의 말씀보다 더 열심히 읽고 있다면 말이다. 우리가 가장 우선적으로, 가장 간절히 갈망해야 할 대상은 하나님이다.

혹 지금의 안일한 삶에 만족하는 이가 있다면 뭐라 하지 않겠다. 여기서 책을 덮어도 좋다. 다시는 건드리지 않겠다. 그러나 만일 갈급하다면, 주님이 우리에게 주시는 약속의 말씀을 보면 된다. "의에 주리고 목마른 자는 복이 있나니 저희가 배부를 것임이요"(마 5:6).

우리의 문제는 진정 갈급해 본 적이 한번도 없다는 것이다. 우리는 이 세상 일들로 삶에 만족을 얻고 갈급함을 채웠다. 매년 매주 하나님께 갔지만 그분이 채워 주실 곳은 조그만 빈 공간에 지나지 않았다. 분명히 말하거니와 하나님은 우리 삶의 다른 것들에 밀려 '2순위'가 되는 데 염증 나셨다. 교회 생활과 프로그램에 밀리는 것에도 질리셨다!

가난한 자들에게 먹을 것을 나눠 주고, 임신 상담 센터에서 아기들을 돌보고, 교회에서 주일학교 아이들을 가르치는 등 모든 선한 것은 하나님의 임재에서 나와야 한다. "우리가 이 일을 하는 것은 하나님 때문이요 이것이 그분의 마음이기 때문이다"는 고백이 있어야 한다.

이것이 우리의 근본적 동기가 돼야 한다. 하지만 조금만 방심하면 우리는 그분을 위한 일에 너무 빠져 정작 그분은 잊어버릴 수도 있다. '종교 생활' 자체에 너무 빠져 영성과 담을 쌓을 수 있다. 기도를 얼마나 많이 하느냐는 중요하지 않다(이렇게 말하는 것을 용서하라. 하지만 하나님을 모르고 구원받지 않은 상태에서도 기도 생활은 얼마든지 할 수 있다). 우리가 성경과 그분에 대해 얼마나 아는지는 중요하지 않다. 내가 묻고 싶은 것은 이것이다. "그분을 알고 있는가?"

안타깝게도 우리는 하나님에 대한 갈급함을 초대 교회들에게 보낸 그분의 옛 연애 편지를 읽는 것으로 채워 왔다. 그것도 선하고 거룩하고 필요한 일이다. 그러나 결과적으로 우리는 그분과 전혀 친하지 않다. 우리는 그분의 임재에 대한 갈급함을 그분을 위해 일하는 것으로 억눌러 왔다. 남편과 아내는 서로를 진정 사랑하지 않아도 서로를 위해 많은 일을 할 수 있다. 출산 학교를 함께 수료하고 아기를 낳고 융자금을 같이 갚으면서도, 하나님이 부부를 위해 만들고 설계하신 '고차원적 친밀함'은 전혀 누리지 못할 수 있다. 우리는 하나님이 의도하신 것보다 낮은 차원의 삶을 살 때가 너무 많다. 그래서 그분이 뜻밖의 능력을 보이시면 충격을 받는다. 우리 대다수는 '성전에 가득한 그분의 옷자락'을 볼 준비가 안 돼 있다.

성령이 이미 우리에게 말씀하고 계실 수도 있다. 눈물을 주체할 수 없거든 그냥 흐르게 두라. 나는 기도한다. 우리가 이제는 거의 잊고 지내는 아득한 옛날의 그 갈급함을 바로 지금 일깨워 주시도록. 예전에 이런 심정을 느꼈을지도 모른다. 그러나 지금은 다른 일들로 마음을 채워 하나님 임재에 대한 갈망을 대치해 버렸다. 예수님의 이름으로 우리를 묶고 있는 속박을 풀라. 지금 이 순간, 죽은 종교를 벗어나 영적 갈급함을 얻도록 말이다. 우리가 하나님을 향한 애타는 갈증으로 가득 차 그 외 다른 것은 신경 쓰지 않게 되기를 기도한다.

저기, 깜박이는 불꽃이 보인다. 활활 타오르도록 그분이 부채질하실 것이다. "주님, 주님의 임재를 원할 뿐입니다. 우리는 너무 갈급합니다."

하나님 임재의 원리 1

갈 급 함 을   회 복 한 다

그분은 타는 목마름으로 자신을 구하는 자들에게만 오신다.
마음을 깨끗이 비운 후 회개의 길로 나아가라.
'진정 하나님을 아는가' 스스로에게 물어보라.
꺼져 버린 갈급함의 불이 다시 지펴질 것이다.

2 천국 빵을 얻으라

교회는 텅 비었고 사람들은 굶주렸다

오늘날 교회는 하나님의 임재가 최우선적임을 잊었다. 문은 열었으되 빵이 없는 빵집과 같다. 게다가 우리는 빵을 파는 데 관심도 없다. 싸늘한 오븐과 텅 빈 진열장 주변에서 잡담이나 즐기고 있을 뿐이다. 솔직히 말해 보라. 그분이 여기 계신지 안 계신지 알기나 하는가? 그분이 여기 계시다면 무엇을 하시는 중인지, 어디로 가시는 중인지 알기나 하는가? 빵 없는 빵집에서 상상 속의 빵 조각을 쓸어 내느라 온통 정신이 팔려 있는 것은 아닌가?

놓치는 자와 잡는 자

예수님이 나귀 새끼를 타고 예루살렘에 소위 승리의 입성을 하시던 길, 그 길은 분명 헤롯 성전 입구를 정면으로 지나도록 돼 있었을 것이다. 바리새인들이 그 행렬에 분통을 터뜨린 까닭은(요 12장), 그것이 성전 안에서 벌어지는 자신들의 종교 의식에 방해가 됐기 때문일 것이다.

그들의 불평 소리가 들리는 듯하다. "이게 무슨 짓들이냐? 감히 대제사장을 방해하다니! 우리가 무슨 일을 하는지 모르느냐? 우리는 안에서 아주 중요한 기도회를 갖고 있단 말이다! 우리가 무엇을 위해 기도하는지 알기나 하느냐? 메시아가 오도록 기도하고 있다고! 그런데 너희가 감히 시끄럽게 떠들어 우리를 방해해? 이 못돼 먹은 무리를 선동하는 자가 대체 누구냐?"

혹시 당신 눈에는 나귀새끼 등에 탄 그분이 보이는가?

그들은 만남의 기회를 놓쳤다. 그분이 동네에 오셨건만 그들은 몰랐다. 안에서 메시아가 오기를 기도하고 있는 사이, 메시아는 문 앞을 지나가셨다. 문제는, 메시아가 그들이 고대하던 방식대로 오시지 않았다는 것이다. 그래서 그들은 그분을 알아보지 못했다. 예수님이 잘생긴 백마나 왕궁의 황금전차를 타고 병사들을 앞세워 행진하셨다면 바리새인들과 제사장들은 "저분이시다"고 말했을 것이다. 메시아는 그 땅과 백성을 짓눌러 온 영적 속박을 벗기기 위해 오셨건만, 안타깝게도 그들은 로마의 속박과 멍에를 벗기는 메시아에만 관심이 있었다.

지금 하나님은 미국을 무너뜨릴 준비를 하고 계신다. 그런데 갑갑한 많은 교회는 그냥 지나치시고 길가의 어느 술집에서 그 일을 시작하실 수도 있다! 예수님이 엘리트 종교인들을 그냥 지나치시고 가난한 자들, 창녀들과 더불어 잡수신 것을 기억하라. 서방 교회 특히 미국 교회는 하나님에 대한 각종 프로그램을 전 세계에 수출했지만, 더 이상 그 프로그램들이 발전하고 있지 않다는 사실을 알아야 한다. 우리에게 필요한 것은 그분의 임재다. 그것이 어디서 오든, 어떤 대가가 따르든 그것을 받아들여야 한다. 그분은 오기 원하신다. 우리의 조건에 의해서가 아니라 그분의 조건으로. 그때까지는 '두려움' 의 부재가 교회를 유린할 것이다.

우리도 마찬가지다. 지금 바깥에 그분이 지나가고 계신데 그분이 오시기만을 기도하고 있을 수 있다. 더욱 안타까운 점은 '아웃사이더들'은 그분과 함께 행진하는데 '인사이더들'은 그분을 놓친다는 것이다!

그분 없는 교회는 빵 없는 빵집

사사들이 치리하던 때에 그 땅에 흉년이 드니라 유다 베들레헴에 한 사람이 그 아내와 두 아들을 데리고 모압 지방에 가서 우거하였는데 그 사람의 이름은 엘리멜렉이요 그 아내의 이름은 나오미요 그 두 아들의 이름은 말론과 기룐이니 유다 베들레헴 에브랏 사람들이더라 그들이 모압 지방에 들어가서 거기 유하더니 나오미의 남편 엘리멜렉이 죽고 나오미와 그 두 아들이 남았으며 그들은 모압 여자 중에서 아내를 취하였는데 하나의 이름은 오르바요 하나의 이름은 룻이더라 거기 거한 지 십 년 즈음에 말론과 기룐 두 사람이 다 죽고 그 여인은 두 아들과 남편의 뒤에 남았더라 그가 모압 지방에 있어서 여호와께서 자기 백성을 권고하사 그들에게 양식[빵]을 주셨다 함을 들었으므로 이에 두 자부와 함께 일어나 모압 지방에서 돌아오려 하여(룻 1:1-6).

나오미와 그 남편과 두 아들이 고향을 떠나 모압으로 이주한 것은 베들레헴에 흉년이 들었기 때문이다. 베들레헴은 히브리어로 '빵집'이란 뜻이다. 그들이 빵집을 떠난 이유는 빵집에 빵이 없었기 때문이다. 간단하다. 사람들은 왜 교회를 떠나는가? 빵이 없기 때문이다. 빵이란 성전 의식의 일부이기도 했다. 역사상 빵은 언제나 그분의 임재를 나타내는 한 가지 증표였다. 구약성경을 보면 성소에 진설병이라는 빵이 있었다. 그것을 '임재의 빵'이라 했다(민 4:7, NRSV). '진설'

> 교회의 찬장은 텅 비어 있었다! 우리는 교회에 빵이 있다고 허위 광고하며 떠벌렸다. 그러나 정작 배고픈 자들이 와서 한 일이라곤 어제 있었던 부흥의 부스러기 몇 조각을 찾아 바닥을 살피는 것뿐이었다.

이란 보인다는 뜻이므로 진설병은 '보여 주는 빵' 또는 히브리어 의미 그대로 '얼굴 빵'이라 해석하는 것이 더 맞다. 그것은 하나님 자신의 신성한 상징이었다.

나오미 일가는 오늘날 교회를 떠나거나 완전히 외면하는 사람들과 공통점이 있다. 그들은 빵을 찾기 위해 그곳을 떠나 다른 곳으로 갔다. 무수히 많은 사람이 술집으로 클럽으로 점치는 집으로 몰려다니는 이유는 뻔하다. 목숨을 부지하려는 것이다. 어떻게든 살아가려는 것이다. 교회가 그들의 기대에 어긋났기 때문에 그들은 다른 곳을 찾는다.

교회의 찬장은 텅 비어 있었다! 그들은 그것을 직접 보았거나 그것을 본 사람들에게 전해 들었다. 식품 저장실에는 아무것도 없었다. 진열장은 텅 비어 있었고 사무실에는 빵 제조법 책자만 가득했다. 오븐은 먼지가 쌓인 채 싸늘하게 식어 있었다.

우리는 교회에 빵이 있다고 허위 광고하며 떠벌렸다. 그러나 정작 배고픈 자들이 와서 한 일이라곤 어제 있었던 부흥의 부스러기 몇 조각을 찾아 바닥을 살피는 것뿐이었다. 우리는 그분이 어디 계셨고 무슨 일을 하셨는지 거창하게 떠들지만, 지금 우리 가운데서 하고 계신 일에 대해서는 거의 할 말이 없다. 하나님 잘못이 아니라 우리 잘못이다. 지금 우리 앞에는 전에 있던 빵의 찌꺼기 즉 사라진 영광의 잔영밖에 없다. 불행히도 우리는 수건을 덮어 그 사실을 숨긴다. 빛나는 '영광의 분진'이 사라진 후 모세가 수건으로 얼굴을 가렸던 것처럼 말이다(고후 3:13 참조). 예수님 시대에 제사장들이 언약궤가 있지도 않은 곳에 휘장을 쳐 뒀던 것처럼 우리도 텅 빈 실상을 위장하고 있다.

하나님은 우리(교회)의 텅 빈 내면을 드러내시기 위해 우리 육체의 휘장도 '찢어야' 하실지 모른다. 문제는 교만이다. 우리는 분명히 보이는 하나님 아들의 '영광'은 외면한 채 그분이 계셨던 곳만 으스대며 가리키고 있다. 예수님 시대의 종교인들은 자기들의 휘장 뒤에 영광이 없다는 사실을 일반 대중들이 모르길 원했다. 그런데 예수님의 임재가 문제를 일으켰다. 지금도 종교인들은 그분이 계셨던 곳을 보호하기 위해 현재 그분이 계신 곳을 외면하려 한다!

그러나 직접 체험이 있는 사람은 말로만 주장하는 사람한테 절대 넘어가지 않는다. 병고침 받은 이의 고백을 보라. "그가 죄인인지 내가 알지 못하나 한 가지 아는 것은, 내가 소경으로 있다가 지금 보는 그것이니이다"(요 9:25). 우리가 사람들을 하나님의 명백한 임재 안으로 이끌 수만 있다면 거짓된 신학적 탁상공론들은 모두 무너질 것이다. 그런데도 여전히 우리는 집회나 예배에 오는 사람들이 왜 좀처럼 고개를 숙이지 않는지 의아해한다. A. W. 토저(Tozer)처럼 "하나님을 두려워하는 마음은 어디로 갔단 말인가?"라고 탄식한다.

그들이 그러는 것은 우리 집회에서 하나님의 임재를 느끼지 못하기 때문이다. 숨이 막힐 만큼 그분의 충분한 임재가 없기 때문이다. 그것은 다시 다른 문제를 야기한다. 하나님과 관계 없는 것들이 하나님의 미미한 흔적에 섞여 있으면 사람들은 오히려 거부반응을 보인다. 그런 이들은 아무리 "하나님이 정말 이곳에 계십니다"라고 말해도 "그럴리가요. 저도 다 가 보고 해 봤습니다. 티셔츠도 샀고요. 하지만 하나님은 없더군요. 나한테는 통하지 않았습니다"라고 되받는다. 문제는 하나님이 그곳에 계시기는 계셨으되 충분치 않았다는 것이다! 다메

섹 도상에서와 같은 만남이 한번도 없었다. 부인할 수 없고 항거하기 힘든 그분의 명백한 임재가 없었던 것이다. 사람들은 교회에 왔다가 사람들만 너무 많이 보고 하나님은 거의 보지 못한 적이 한두 번이 아니다.

전능하신 그분은 이제 우리의 삶과 예배에 '두렵고 명백한 임재 의식'을 회복시키려 하신다. 우리는 걸핏하면 온 땅을 뒤덮는 하나님의 영광에 대해 말한다. 그러나 교회 통로에조차 흐를 수 없는 영광이 어떻게 우리들의 도시 거리거리에 흐를 수 있단 말인가? 어디선가 시작돼야 한다! 하지만 '저 바깥에서' 시작되지는 않는다. '여기 안에서' 시작돼야 한다. 에스겔의 말처럼 '성전'에서 시작돼야 한다. "그[성전] 문지방 밑에서 물이 나와서… 흘러내리더라"(겔 47:1).

유혹의 영들과 인간의 조작으로 인해 하나님의 영광이 교회 통로에 흐를 수 없다면 그분은 다른 곳으로 고개를 돌리셔야 할 것이다. 예수님이 나귀 타고 예루살렘의 '빵집'(성전)을 그냥 지나치시던 그날처럼 말이다. 나는 빵 없는 빵집에 오지 않는다고 배고픈 자들을 탓하지 않겠다. 나라도 가지 않을 것이기에.

굶주려 있는 사람들

빵집 베들레헴이 텅텅 비자 사람들은 먹고살 빵을 찾아 다른 데로 눈길을 돌릴 수밖에 없었다. 그러나 딜레마가 있다. 세상의 대안들을 따르면 목숨이 위태로울 수 있다는 점이다. 나오미가 알게 된 것처럼 모압은 잔인한 곳이다. 모압은 우리의 아들들을 훔쳐가 제 명도 채우기 전에 땅에 묻을 것이다. 모압은 우리와 배우자를 떼어 놓을 것이다.

모압은 우리 삶의 기력마저 앗아갈 것이다.

결국 나오미에게 남은 것은 안 지 10년밖에 안 되는 두 며느리뿐이었다. 어둡고 암담한 미래만 그녀를 노려보고 있었다. 그러던 차에 나오미는 '여호와가 자기 백성에게 양식을 주셨다 함을' 들었고(룻 1:6), 두 며느리에게 말했다. "내 딸들아, 돌아가라. 너희가 어찌 나와 함께 가려느냐?"

세상 모든 동네와 마을과 도시에는 떠도는 정보와 소문이 있다. 소문은 해안과 산지를 따라 퍼져 인간이 살고 있는 곳이면 어디나 이른다. 빵에 관해서도 굶주린 자들에게 소문이 나야 한다. 그들 중 하나라도 빵집에 다시 빵이 생겼다는 소문을 들으면, 그 소식은 고압선의 전기처럼 광속에 가까운 속도로 퍼져 나간다. 빵이 있다는 소식은 집에서 집으로, 이곳에서 저곳으로 거의 순식간에 퍼진다. 세상에서 흔히 하는 식으로 TV에 광고하거나 선전하려고 고심할 필요가 없다. 배고픈 자들은 듣게 돼 있다. 뉴스가 터진다.

"글쎄, 아니래요. 거짓말이 아니래요! 믿어지지 않지만 이번엔 과장이나 허위가 아니랍니다. 시시한 부스러기가 아니래요. 바닥에 떨어진 빵 조각 정도가 아니래요. 빵집에 정말 빵이 생겼답니다! 교회에 하나님이 있답니다!" 이런 일이 벌어지면 우리는 그들을 건물 안에 수용할 수 없다. 날마다 예배를 몇 번씩 드려도 역부족이다. 왜? 굶주린 사람들이 몰려들 것이기 때문이다. 그럼 어떻게 해야 하는가? 우리가 할 일은 빵을 되찾는 것뿐이다!

우리가 누릴 수 있는 하나님은 여태 우리가 알고 상상해 온 것보다 훨씬 크다. 그러나 우리는 현재 있는 곳과 현재 가진 것으로 족하기 때문에 '하나님의 최선'을 향해 파고들지 않는다. 하나님이 천국 오븐에 풍성하게 준비해 두신 따끈따끈한 빵 대신 바닥에 떨어진 부스러기로

> 우리가 누릴 수 있는 하나님은 여태 우리가 알고 상상해 온 것보다 훨씬 크다. 그러나 우리는 현재 가진 것으로 족하기 때문에 '하나님의 최선'을 향해 파고들지 않는다. 천국 오븐에 풍성하게 준비해 두신 따끈따끈한 빵 대신 바닥에 떨어진 부스러기만 줍는다!

만족해 왔다! 물론 하나님은 우리 가운데 움직이시며 우리 삶 속에 역사하고 계신다. 그분은 오늘도 임재의 진수성찬을 차려놓고 "와서 먹으라"고 교회를 부르신다.

그러나 우리는 하나님의 부름을 외면한 채 말라비틀어진 어제의 빵 조각만 뜯고 있다. 그 사이 교회 밖에서는 무수히 많은 사람들이 굶주림으로 죽어 가고 있다. 그들은 인간이 만들어 낸 자기 개발과 자기 향상 프로그램에 체해 넌덜머리를 내고 있다. 그들은 하나님에 대한 얘기가 아니라 하나님 자체에 굶주려 있다. 그들이 원하는 것은 신선한 양식이건만 우리가 줄 거라곤 비닐에 진공 포장한 음식 찌꺼기뿐이다. 한때 있다가 없어진 것들을 배고픈 자들의 절박한 손에서 보호하려면 그렇게 할 수밖에 없다. 배울 만큼 배웠다는 사람들이 몸에 부적을 품고 다니는 것도 그 때문이다. 자신과 자신의 서글픈 실존을 넘어 초월적인 존재와 통해 보고 싶은 것이다. 깨달음과 내적 평정에 관한 번지르르한 세미나라면 누구나 다 우르르 몰려든다. 그들은 다른 세계의 최신 계시인 양 전달되는, 말도 안 되는 허튼 소리를 순진하게 날름날름 받아 삼키고 있다.

어쩌다 이렇게 됐단 말인가? 숱한 구도자들과 굶주린 자들이 인생의 희망과 길을 찾고자 무당, 점성가, 영매를 찾아다니는 것에 대해 교회는 죄책감과 수치심을 느껴야 한다! 가짜 점쟁이들이 판치는 역술 산업에 하룻밤 사이에 수백만 달러를 쏟아 부을 정도로 사람들은 굶주려 있다.

오직 돈이 목적인 장사치들의 녹음된 대답을 영적 통찰로 받아들일 만큼 그들은 굶주려 있다. 세상은 영적으로 갈급할 대로 갈급해 있다! 사람들이 모조품까지 마다하지 않으면서 다른 세계와의 접촉에 이토록 몸이 달은 이유는 하나뿐이다. 진품을 어디서 찾아야 할지 모르기 때문이다. 책임 소재지는 한 곳뿐이다. 지금이야말로 교회가 하나님의 임재로 세상을 점할 수 있는 적기다.

내 심령에 계속 들려오는 하나님의 음성이 있다. 그 중 한 부분은 굉장히 충격적이다.

"대다수 교회에 있는 만큼의 하나님은 대다수 술집에도 있다."

예배 처소에 들어올 때, 죄인이라 불리는 이들이나 성도라 불리는 이들이나 모두 고개 숙일 필요를 못 느끼는 것은 어쩌면 당연하다. 그들은 예배 받기에 합당하신 분의 임재를 우리 가운데서 전혀 느끼지 못한다. 그러나 교회가 빵집 본연의 모습을 되찾는다면 우리는 밀려드는 빵의 수요를 소화해 내느라 정신없을 것이다. 우리들의 빵집에 들어오는 사람들에게 "고개 숙여 기도하라"고 말할 필요도 없을 것이다. 그들은 어떤 말도 듣기 전에 우리의 거룩하신 하나님 앞에 엎드릴 것이다. 하나님이 친히 집에 들어와 계심을 불신자들도 직관적으로 알게 될 것이다(고전 14:25 참조).

"하나님 얘기를 듣고 싶다!"는 사람들의 전화가 폭주할 것이기 때문에 우리는 서로 "내일 누가 전화를 받지?" 묻게 될 것이다. 내가 이렇게 말하는 이유는, 진정 하나님을 만나 삶의 고통에서 벗어나고 싶은 수많은 사람이 점쟁이들한테 거액의 돈을 쓰고 있기 때문이다. 그들은 달리 갈 곳을 모르고 있다. 사울 왕은 하나님과 단절돼 애타게 방황하는 자의 좋은 예다. 하나님께 다가갈 수 없게 되자 즉 그분을 잡을 수 없게 되자 그는 말했다. "무당을 찾아라. 아무나 좋다! 변장하고 뒷문으로 들어갈지언정 한마디 물어야 살겠다. 영적 세계와 통해야 살겠다"(삼상 28:7 참조).

하나님이 우려하시는 또 다른 문제가 있다. 예수님이 당대의 종교 지도자들을 책망할 때 밝히신 점이다. "화 있을진저 외식하는 서기관들과 바리새인들이여 너희는 천국 문을 사람들 앞에서 닫고 너희도 들어가지 않고 들어가려 하는 자도 들어가지 못하게 하는도다"(마 23:13). 우리 자신이 들어가지 않는 것도 이미 나쁘다. 그런데 문을 막아서서 다른 사람들마저 못 들어가게 하니, 하나님의 안타까움은 이루 말할 수 없다!

갈급함과 영적인 일에 대한 무지로 인해 우리는 가난하고 길 잃은 영혼들이 못 들어오게 '문을 막고' 있다. 우리의 평소 일하는 모습이 그렇다. 뜨끈뜨끈한 빵이 있다고 끊임없이 외쳐 대지만, 실상은 '인간의 전통'이라는 닳고닳은 바닥에 떨어진 말라비틀어진 빵조각뿐이다. 그러니 배고프고 집 없는 사람들은 모압으로 갈 수밖에 없는 것이다. 그러나 모압에 간 그들은 가족과 삶을 모질게 착취하는 잔인한 주인에 시달린다.

빵집에 다시 빵이 생겼다!

그러나 오늘날에는 하나님의 집에 다시 빵이 생겼다는 소문이 어렴풋이 돌고 있다. 룻(교회에 다니지 않고 구원받지 못한 자들의 대표)처럼 이 세대도 나오미(탕자의 대표)에게 살며시 다가와 말할 태세다. "그쪽에 정말 빵이 있답디까? 그럼 나도 같이 가겠소. 당신이 어디로 가든 나도 가겠소. 당신의 백성이 내 백성이 되고 당신의 하나님이 내 하나님이 될 것이오"(룻 1:16 참조). 단…진짜 빵이 있다면 말이다. 베들레헴(빵집)의 평판이 어찌나 나빴던지 오르바는 가지 않았다. 교회의 오랜 허위광고에 진이 빠져 오르바처럼 '가지 않는' 자들이 얼마나 많은가? 그들은 따라올 마음이 없다.

사람들을 당장 지역 교회의 한 식구로 녹아들게 하는 방법이 있다. 무엇인지 아는가? 그곳에서 하나님 임재의 빵을 맛보게 하는 것이다. 베들레헴에 빵이 있다는 말을 듣자 룻은 슬픔을 박차고 일어나 빵집으로 향한다.

간판은 지금도 붙어 있다. 우리는 여전히 사람들을 교회로 데려와 한때 빵을 굽던 오븐을 보여 준다. 오븐은 여전히 제자리에 있고 다른 것들도 다 구색을 갖추고 있다. 그러나 눈에 띄는 먹을 거라고는 작년 체험의 부스러기, 선배들이 말하는 지난번 대부흥 물결의 잔재뿐이다. 지금 우리는 희망 속에나 존재하는 미래의 체험을 피상적으로 배우는 자로 전락했다.

나는 부흥에 대한 책을 꾸준히 읽는 편인데, 최근 하나님이 나의 아픈 곳을 찌르셨다. "아들아, 네가 직접 부흥을 체험하지 못해 간증할 내용이 없으니 그렇게 관련 정보만 읽고 있구나."

사실 난 '지난날 하나님을 만났다'는 사연을 읽기에 지쳤다. 내 살아생전 어디서든 하나님이 임하시는 것을 보고 싶다. 앞으로 내 자녀들에게 "사실이다. 나도 거기 있어서 안다"고 고백할 수 있도록 말이다. 하나님께는 손자 세대가 없다. 모든 세대가 각각 그분의 임재를 체험해야 한다. 생생한 만남이 과거의 얘기로 대치돼서는 안 된다.

> 참된 부흥의 물결은 교회 다니지 않는 사람들, 평생 교회 문턱을 밟아 보지 않은 사람들을 구름 떼처럼 빵집으로 불러 모을 것이다. 천국 오븐의 따끈따끈한 빵 냄새를 맡기만 하면 그들은 교회 문으로 쏟아져 들어올 것이다!

소문 듣고 몰려드는 사람들

하나님 임재의 빵이 교회에 회복될 때 두 가지 일이 벌어진다. 나오미는 식탁이 비었다고 빵집을 떠난 탕자였다. 그러나 하나님이 베들레헴 빵집에 빵을 다시 주셨다는 말을 듣자 즉시 돌아온다. 빵집에 빵이 있음을 알게 되면 모압으로 갔던 탕자들이 베들레헴으로 돌아온다. 그것도 자기들만 오는 것이 아니다. 빵집으로 돌아오는 나오미를 룻이 따라왔다. 룻은 베들레헴에 한번도 가 본 적이 없는 사람이다. 이처럼 구원받지 못한 사람들이 따라온다. 그 결과 룻은 보아스와 결혼해 아들 오벳을 낳았고 결국 예수님의 메시아 계보에 오르게 된다. 오벳은 이새의 아버지고 이새는 다윗의 아버지다(룻 4:17). 미래의 왕가 후손들도 갈급함에서 비롯된 우리의 행동을 기다리고 있다.

현재 우리가 알고 있는 부흥은 사실상 구원받은 자들의 '재활용' 즉 그들의 열기가 식지 않게 하려는 교회의 노력에 지나지 않는다. 그러나 이후의 참된 부흥의 물결은 교회 다니지 않는 사람들, 평생 교회 문턱을 밟아 보지 않은 사람들을 구름 떼처럼 빵집으로 불러모을 것이다. 빵집에 정말 빵이 있는 것을 알게 되기만 하면, 그리고 천국 오븐의 따끈따끈한 빵 냄새를 맡기만 하면 그들은 교회 문으로 쏟아져 들어올 것이다!

우리는 다른 일들로 너무 배부르고 만족해 과거의 부스러기로 '버티려' 하기 일쑤다. 우리는 지금의 음악으로 만족한다. 지금의 부흥회로 만족한다. 그러나 이제 '거룩한 불만'을 품어야 할 때다. 이렇게 말하면 비판을 들을지도 모르지만 어쨌든 나는 만족할 수 없다! 일부 사람들이 평생의 부흥이라 부를 만한 사건에 나 역시 동참했음에도 불구하고 여전히 만족할 수 없다는 뜻이다. 왜? 그 이상 일어날 수 있는 일을 알기 때문이다. 우리는 그분을 잡을 수 있다. 여태 우리가 봤거나 꿈꾸던 것보다 훨씬 크고 많은 것이 있음을 나는 안다. 그것은 내게 거룩한 집념이 됐다. 나는 하나님을 원한다. 그분을 더 많이 원한다.

사탄의 책략은 하나님에 대한 갈급함이 없도록 우리를 잡동사니로 가득 채우는 것이었고, 오랜 세월 그 작전은 특효를 발해 왔다. 우리를 영적 세계에서는 거지 수준을 면치 못하게 하면서 이 땅의 형통함을 먹고살도록 철저히 길들인 것이다. 그래서 우리는 하나님 임재의 부스러기만으로 금방 만족한다. 그러나 더는 부스러기로 만족하지 않는 사람들이 있다. 그들은 그분을 원한다. 다른 것에는 관심도 없다. 덩어리 전체라야 한다! 그들은 더 이상 모조품에 흥미도 없고 만족도 느끼지 않는다. 진품을 가져야만 한다. 그러나 우리들 대부분의 삶은 영혼의 불량식품과 육체의 오락 거리에 푹 빠져 있어 진짜 배고프다는 것이 무엇인지 모른다.

굶주린 사람을 본 적 있는가? 진짜 굶주린 사람 말이다. 나는 사역차 에티오피아 등 기근에 찌든 나라를 방문한 적이 있다. 당신도 그런데 가 보면 진짜 굶주린 사람들 앞에 쌀가마니를 내놓을 때 벌어지는 사태를 볼 수 있다. 그야말로 순식간에 사방에서 사람들이 모여든다. 우리 교회는 대부분 식후에 집회를 갖는다. 그래서 교회 강단에 빵 덩이를 올려놓아도 별 감흥이 없다.

그런데 어느 날 아침 하나님은 내게 빵에 대해 설교할 것을 명하시면서 이렇게 말씀하셨다. "아들아. 그들의 몸이 굶주려 있다면 행동도 달라질 것이다." 흥미롭게도 한 중보기도자가 그날 아침 빵을 구워야 한다는 감화를 받았고, 목사도 하나님의 인도라고 느껴 강단에 그 빵을 올려놓았다! 그날 그 자리에 하나님 임재에 대한 갈급함이 생겨났다. 천국이 빚어 낸 것이었다. 그 빵은 부흥에 대한 갈증과 치유와 회복을 가져왔다.

절박한 마음으로 빵을 찾으라

성경은 "침략하는 자들이 [천국을] 차지하게 되어 있다"(마 11:12 참조)고 말한다. 어딘지 우리 모습과 다르지 않은가? 우리는 소위 교회 문화에 너무 젖어 있다. 그래서 우리 나름의 정책적 해답과 정중한 에티켓이 있다. 우리는 너무 급진적인 것이 싫어 의자를 모두 가지런히 줄지어 놓고, 예배도 질서정연하게 정렬된 의자처럼 틀을 벗어나지 않길 원한다.

그러나 하나님께 대한 우리의 갈급함은 글자 그대로 자신의 매너를 잊어버릴 정도로 절박해야 한다! '전통 예배'와 '카리스마 예배'의 가장 확연한 차이는 한쪽은 인쇄된 순서지가 있고 한쪽은 암기해서 한다는 것이다. 그러나 양쪽 다 하나님이 예언의 말씀을 들려주실 시점까지 이미 알고 있는 경우가 많다.

성경에도 '매너를 잊은' 사람들이 나온다. 내가 알고 있는 그들은 모두 하나님께 뭔가를 받았다. '매너를 잊었다'는 것이 무례함을 위한 무례함을 말하는 것은 아니다. 절박함에서 나온 무례함을 말하는 것이다! 불치의 혈우병에 걸렸던 여자는 어떤가?(마 9:20-22) 그녀는 군

중을 악착같이 밀치고 들어가 끝내 주님의 옷자락을 만졌다. 주제넘은 가나안 여자는 어떤가? 그녀는 귀신들린 딸을 구해 달라고 예수님께 끈질기게 매달렸다(마 15:22-28). 예수님한테서 "자식의 빵을 가져다 개에게 던져 주는 것은 옳지 않다"(마 15:26)는 모욕적인 말을 듣고도 그녀는 물러서지 않았다. 어찌나 무례하고 뻔뻔하고 막무가내였던지, 바꿔 말하자면 빵에 대한 갈급함이 어찌나 절박했던지 그녀는 이렇게 답했다. "주여 옳소이다마는 개들도 제 주인의 상에서 떨어지는 부스러기를 먹나이다"(마 15:27).

반면 우리들 대다수는 목사를 찾아가 이렇게 말한다. "목사님, 괜찮다면 저를 위해 축복 기도 좀 해 주시겠습니까?" 아무 반응이 없으면 우리는 어깨를 으쓱하면서 "가서 식사나 하겠습니다" 하든지 "가서 쉬겠습니다"라고 말한다. "집에 가서 음식과 오락으로 내면을 달래겠습니다"와 다를 바 없다.

솔직히 내가 바라는 것은, 하나님이 교회의 성도들을 사로잡아 '임재의 빵'에 대한 집념을 버리지 않게 하시는 것이다. 일단 그렇게 되면, 그들이 바라는 것은 '축복의 손길' 그 이상이 된다. 아무리 대가가 크고 불편할지라도 그들은 하나님이 그곳에 임하시기를 원하게 된다. 그들의 말과 행동이 무례해 보일지도 모른다. 그러나 그들은 인간의 의견에 상관하지 않고 하나님의 의견만 생각한다. 사실 대부분 교회에는 무례해 보이는 사람들이 설 자리가 없을 것이다.

진정한 부흥을 향한 첫걸음은 자신의 퇴보 상태를 인식하는 것이다. 형통을 부르짖는 우리 문화에서 이것은 쉽지 않은 일이다. 그러나 우리는 "나는 퇴보했다. 전성기가 아니다"고 말할 수 있어야 한다. 아이러니지만 우리는 지금 찰스 디킨스(Charles Dickens)의 *A Tale of Two Cities*(두 도시 이야기)에 나오는 유명한 대사가 어울리는 희한한

> 하나님께 대한 우리의 갈급함은 자신의 매너를 잊어버릴 정도로 절박해야 한다! 성경에도 '매너를 잊은' 사람들이 나온다. '매너를 잊었다' 는 것이 무례함을 위한 무례함을 말하는 것은 아니다. 절박함에서 나온 무례함을 말하는 것이다!

상황에 처해 있다. "최고의 시절이었다. 그러나 최악의 시기였다." 경제적으로 지금은 최고의 시기일지 모르지만 전반적으로 교회는 영적 부흥의 물결을 타지 못하고 있다.

혹시 당신의 그림자만 보고도 사람들이 치유받은 적이 있는가? 당신이 방 안에 함께 있기만 해도 사람들이 "나도 하나님을 바로 알고 싶다"고 털어놓은 적이 있는가? 미래의 피니(Finney; 1792-1875, 19세기 미국 대각성 운동을 이끈 복음 전도자)와 위글즈워스(Wigglesw-orth; 1859-1947, 세계를 돌아다니며 말씀을 전한 복음 전도자)는 어디 있는가? 그들은 그랬었다.

내가 아는 한 에티오피아 목사가 교회 예배를 인도하고 있는데 공산주의 정부에서 나온 사람들이 예배를 방해하며 말했다. "우리는 당신들의 교회 일을 막으려고 왔소." 그들은 이미 갖은 수를 다 동원했으나 성과가 없었다. 그래서 그날은 목사의 세 살 난 딸을 붙잡아 만인이 보는 가운데 2층 창 밖으로 내던졌다. 공산주의자들은 그것으로 예배가 끝날 줄 알았다. 그러나 목사의 아내는 죽은 아기를 품에 안고 다시 자기 자리로 돌아가 예배를 계속 드렸다. 이 목사의 신실함에 힘입어 사십만의 독실한 에티오피아 신자들이 그가 인도한 성경 수련회에 담대히 참석했다.

미국 내 한 오순절 교단의 전국적 지도자였던 우리 아버지가 언젠가 그 목사와 대화한 적이 있다. 아버지는 이 에티오피아 목사가 극심한 가난을 겪고 있음을 알았다. 그래서 아버지 딴에는 다소나마 따뜻한 위로를 표하려고 했는데 그게 아니었다. 아버지는 에티오피아 목사에게 말했다. "형제님. 우리는 그곳의 가난한 사람들을 위해 기도하고 있습니다." 겸손한 목사는 우리 아버지를 보며 대답했다. "아니지요. 목사님은 모르십니다. 우리는 이곳의 부유한 사람들을 위해 기도하고 있습니다." 아버지가 깜짝 놀라자 에티오피아 목사는 이렇게 덧붙였다. "우리는 미국인들을 위해 기도합니다. 우리와 같은 가난 속에서보다 이곳처럼 부유한 중에 하나님께서 원하시는 모습으로 살기가 훨씬 어렵기 때문입니다."

사탄이 미국 교회의 생명력을 앗아가기 위해 동원하는 최대 술수는 '형통의 사탕'이었다. 나는 형통을 반대하지 않는다. 당신이 마음껏 형통하기 바란다. 하지만 형통 대신 하나님을 추구하라. 알다시피 처음에는 하나님을 좇다가 종래에는 딴 것을 좇게 되곤 한다. 여기서 말하는 '하나님을 좇는다'는 것은 우리의 궁극적 목표이자 존재 이유로써 그분을 추구한다는 뜻이며 물론 그것은 구원 이후의 일이다. 이 표현 속에 노력으로 구원을 얻는다는 의미는 전혀 없다. 구원이란 십자가에서 죽으시고 죽은 자 가운데서 부활하신 그리스도 예수의 완성된 사역을 통해 오직 은혜로만 얻는 것이다. 딴 것을 좇게 되지 않도록 조심하라! 하나님을 좇는 자가 되라! 군말이 필요 없다.

천국을 침략하여 빵을 얻으라

하나님이 당신의 교회에 정말 '얼굴'을 보이신다면, 확언컨대 그 소식이 굶주린 자들의 입에서 입으로 옮겨져 당신의 도시나 지역에 하룻밤 사이에 쫙 퍼질 것이다! 이튿날 문을 열기도 전에 배고픈 자들이 갓 구운 빵을 얻으려고 몰려와 줄을 설 것이다. 지금은 왜 그런 모습을 보지 못하는 것인가? 굶주린 자들은 거짓말에 '데었다!'

우리 예배에 하나님의 임재가 달랑 한 방울만 떨어져도 우리는 당장 "여기 하나님의 기름부음이 철철 넘친다"고 온 세상에 외치고 싶어 한다. 그러나 불행히도 우리가 "하나님이 여기 계시다!"고 외칠 때마다 굶주린 사람들이 와서 발견한 것은, 턱없이 모자라는 상품을 허위 조작하고 과대 선전했다는 사실이다. 우리는 아직 방울방울 떨어질 뿐인 하나님의 기름부음을 거대한 강으로 거짓 선전했다. 그들은 우리 안에 고작 말 잔치의 강밖에 없음을 보고 당황한다. 때로 우리는 마른 강바닥 위로 거창한 다리를 놓기도 한다!

하나님의 잔에서 한 모금 마시기도 여의치 않은 상황에서, 길 잃고 상처받은 사람들이 우리의 '강'으로 달려오기를 기대할 수는 없는 노릇이다. 우리는 그들에게 "하나님이 정말 여기 계시다. 식탁 위에 음식이 있다"고 말했다. 그러나 우리 말을 믿고 온 그들은 성찬의 부스러기나 찾기 위해 바닥을 살펴야 했다. 현재 우리의 힘은 과거에 못 미치고 있다.

하나님은 천국 오븐에 따끈따끈한 빵을 굽고 계신다! 그분이 풍성한 빵을 준비하고 있음에도 불구하고 우리는 바닥에서 부스러기나 긁어모으고 있다.

그분은 부스러기의 하나님, 결핍의 하나님이 아니다. 그분은 자신의 임재의 빵, 생명의 빵 덩어리를 풍성히 내어 주시려 기다리고 계신다. 그러나 우리의 문제는 오래 전 사도 야고보가 말한 그대로다. "너희가 얻지 못함은 구하지 아니함이요"(약 4:2). 시대를 거슬러 올라가 보면, 시편 기자 다윗은 '그 자손'이 절대 '빵을 구걸하지' 않는다고 했다(시 37:25 참조).

하나님이 우리 가운데, 우리를 통해 하시고자 하는 일에 비하면 우리가 가진 것, 우리가 있는 곳, 우리가 하고 있는 일은 아주 작다. 그것을 알아야 한다. 어린 사무엘은 오늘날처럼 시대가 바뀌는 시기의 선지자였다. 성경은 사무엘이 어렸을 때만 해도 "여호와의 말씀이 희귀하여 이상이 흔히 보이지 않았더라"(삼상 3:1)고 말한다.

어느 날 밤 연로한 대제사장 엘리는 자리에 누웠다. 그는 나이 많아 시력이 약해져 앞을 거의 분간하지 못했다. 이것은 교회 역사를 보건대 우리의 문제이기도 하다. 우리는 시력이 침침해져 마땅히 보아야 할 것을 보지 못하고 있다. 우리는 교회가 현 상태로 '정상 운행' 되는 데 만족하면서 침침한 눈으로 같은 일만 되풀이하고 있다. 등잔을 켜고, 마치 하나님이 지금도 우리에게 말씀하신다는 듯 발을 질질 끌면서 퀴퀴한 방을 돌아다닌다. 그리고 하나님이 정말 말씀하실 때면 사람들이 꿈꾸고 있다고 생각한다. 하나님이 정말 나타나셔도 우리의 흐릿한 눈은 그분을 보지 못한다. 하나님이 정말 움직이실 때도 우리는 등잔 없는 희미한 어둠 속에서 '낯선 물체에 부딪칠까' 두려워 그저 가만히 있다. 하나님이 우리 앞에서 '가구를 옮기시면' 우리는 무력해진다. 그래서 우리는 우리 가운데 있는 어린 사무엘들에게 이렇게 말한다. "가서 다시 누워라. 사무엘, 계속 내 말대로만 하면 된다. 괜찮아. 늘 그래 왔어."

천만에! 늘 그렇지 않았다. 그 방식에 나는 만족할 수 없다. 나는 그 이상을 원한다! 당신은 어떤지 모르지만 나는 교회 안에서 빈자리를 볼 때마다 의자들의 절규를 듣는다. "모압에서 온 사람이 내 위에 좀 앉아 줬으면 좋겠소! 이 자리에 누굴 좀 앉혀 줄 수 없소?" 나는 거기서 성스런 좌절, 거룩한 불만을 본다.

> 지금은 우리가 천국에 구멍을 뚫고 배고픔의 고통으로 쳐들어갈 때다. 그래야 하나님의 영광이 우리 지역에 비로소 비칠 수 있다. 그러나 우리는 교회 통로를 적실 한 방울의 영광조차 보지 못하고 있다. 진짜 굶주려 있지 않기 때문이다.

하나님의 등불은 아직 꺼지지 아니하였으며 사무엘은 하나님의 궤 있는 여호와의 전 안에 누웠더니 여호와께서 사무엘을 부르시는지라 그가 대답하되 내가 여기 있나이다 하고(삼상 3:3-4).

하나님의 등불이 꺼질 듯 꺼질 듯 깜박이고 있었다. 언제 꺼질지 몰랐다. 그래도 엘리는 걱정하지 않았다. 그는 이미 영구적 반 어둠의 상태에 살고 있었다. 그러나 어린 사무엘은 "뭔가 소리가 들렸다"고 말했다. 지금은 우리가 하나님의 등불이 깜박거리고 있음을 인정할 때다. 그렇다. 아직은 켜 있다. 그러나 본연의 상태는 아니다. 우리는 이 깜박이는 작은 등불이 여기저기 교회에서 흐릿하게 비추는 것을 보면서 "부흥이다!"고 외친다. 바짝 다가서서 보는 소수의 사람들한테는 그렇게 느껴질지도 모른다. 그러나 멀리 있는 사람들은 어떤가? 한번도 우리 잡지를 읽지 않고 우리의 TV 프로를 보지 않고 교회의 최신 설교 테이프를 듣지 않은 잃어버린 영혼들은 어떻게 느끼는가? 하나님의 영광의 빛은 멀리서도 잘 보이도록 환히 빛나야 한다. 다시 말해 지금은 하나님의 영광, 하나님의 등불이 교회의 말(지붕) 아래서 나와 우리가 사는 도시들을 비춰야 할 때다!(마 5:15 참조)

나는 하나님이 '길을 여는 자' (미 2:13 참조)들을 보내셔서 금방이라도 천국을 활짝 열어 젖히게 하시려는 중이라고 믿는다. 모두가 하나님의 식탁에서 배불리 먹을 수 있도록 말이다. 그러나 천국이 열리려면 깊은 샘이 터져야 한다(창 1:8, 7:11 참조).

지금은 어느 교회든 정책의 옳고 그름만 강조하던 자세를 버리고 천국을 열어야 할 때다. 그래야 만나가 쏟아져 영적으로 굶주린 자들을 먹일 수 있다! 지금은 우리가 천국에 구멍을 뚫고 배고픔의 고통으로 쳐들어갈 때다. 그래야 하나님의 영광이 우리 지역에 비로소 비칠 수 있다. 그러나 우리는 하나님의 영광이 거리마다 흐르는 것을 보기는 고사하고 교회 통로를 적실 한 방울의 영광조차 보지 못하고 있다. 진짜 굶주려 있지 않기 때문이다. 우리는 등 따습고 배부른 라오디게아 교인들 같다. 나는 기도한다.

"아버지, 영적 침략의 정신이 우리 심령을 사로잡기를 기도합니다. 우리를 예배의 전사로 바꿔 주소서. 하늘에 침투할 때까지, 천상에 균열이 생길 때까지, 천국이 열릴 때까지 멈추지 않게 하시기를 간구합니다. 주님, 우리가 사는 지역과 나라에 주님이 필요합니다. 주님이 계셔야 합니다. 이제 부스러기를 찾아 바닥을 긁는 데 지쳤습니다. 우리에게 천국의 따끈따끈한 빵을 보내 주소서. 주님 임재의 만나를 보내 주소서…."

당신에게 필요한 것이 무엇이든, 당신의 삶에 부족하다고 느껴지는 것이 무엇이든, 당신에게 진정 필요한 것은 그분이다. 그리고 그분을 얻는 길은 갈급해지는 것이다. 하나님이 당신에게 갈급함을 주시기를 기도하라. 그것만이 채움의 약속에 대한 선결 조건인 까닭이다. 예수님은 말씀하셨다.

의에 주리고 목마른 자는 복이 있나니 저희가 배부를 것임이요(마 5:6).

우리가 갈급해질 수 있어야 그분이 우리를 거룩케 하실 수 있다. 그제야 그분은 우리 삶의 깨어진 조각들을 다시 이어 맞추실 수 있다. 열쇠는 우리의 갈급함이다. 만약 당신이 지금 빵 조각을 찾아 빵집 바닥을 긁고 있다면 이렇게 기도해야 한다. "주님, 제 안에 갈급함이 불꽃처럼 일게 하소서."

하나님 임재의 원리 2

만 족 하 지 않 는 다

굶주린 자들은 빵을 찾아 헤매고 있다.
텅 빈 교회 찬장에 만족하지 말고
바닥에 떨어진 빵 부스러기들을 줍지 말라.
천국 오븐에서 구워진 따끈따끈한 빵을 구하라.

3 가까이 나아가라

> 하나님은 이제 눈빛으로 인도하기 원하신다

당신은 어떤지 모르지만 내 마음속에는 몰아치는 열정이 있다. 그 열정은 내가 이미 알고 누리고 있는 것보다 더 많은 뭔가가 있다고 내게 속삭인다. 그래서 나는 계시록을 쓴 요한에게 질투가 난다. 이 세상 너머의 저 세상을 본 사람들이 부럽다. 내게는 꿈일 뿐인 세계를 그들은 보았다. 뭔가가 더 있음을 나는 분명히 안다. 그렇게 생각하는 이유 중 한 가지는 '더 있는 뭔가'를 체험하고 딴판이 된 사람들 때문이다. 그들이 바로 하나님을 좇는 사람들이다! 나는 "요한이 주님을 뵌 것처럼 저도 주님을 보고 싶습니다!"라고 기도한다.

나는 여태껏 성경을 읽고 공부하면서 진정으로 하나님을 만난 후에 '타락해' 하나님께 반역한 사람을 한 명도 보지 못했다. 그런 사람은 성경에 나오지 않는다. 한번 하나님의 영광을 체험하면 그분께 등을 돌리거나 그분의 손길을 잊을 수 없다. 그것은 단지 논증이나 교리가 아니라 체험이다. 그래서 사도 바울은 "나의 의뢰한 자를[내가 믿는 분을] 내가 알고"(딤후 1:12)라고 말했다. 안타깝게도 교회에는 "내가 믿는 분에 '관해' 내가 알고"라 말할 사람들이 많다. 영광 중의 그분을 아직 만나지 못했다는 말이다.

　사람들이 교회에 앞문으로 급히 들어왔다 뒷문으로 급히 빠져나가는 한 가지 이유는, 그곳에서 하나님을 만나 그 전능하신 위엄과 능력을 접하기보다 인간의 프로그램 속에서 사람들을 더 많이 만나기 때문이다. 사울이 하나님을 직접 만난 것처럼 우리에게도 '다메섹 도상의 체험'이 필요하다(행 9:3-6 참조).

'무소부재'와 '임재'의 차이

　여기서 하나님의 '무소부재'와 '명백한 임재'의 차이가 확연히 드러난다. 하나님의 무소부재란 그분이 어디에나 항상 계시다는 사실을 가리키는 말이다. 그분은 핵 물리학자들이 볼 수 없어 흔적만 더듬고 있는 원자 핵 속의 바로 그 '분자'다. 하나님의 이런 속성이 요한복음에 언급돼 있다. "지은 것이 하나도 그가 없이는 된 것이 없느니라"(요 1:3). 하나님은 모든 것 안에 언제나 계신다. 그분은 만물을 합성하신 분이다. 우주의 조각들을 하나로 붙여 주는 접착 물질도, 그 각각의 조각들도 다 그분의 손길이다! 간혹 설교나 가스펠 음악 같은 기독교적 영향을 전혀 받지 않은 사람들이 갑자기 성령의 깨우침을 느끼는 것도 그래서 가능하다.

　예를 들면 술 취해 술집에 앉아 있던 사람이 갑자기 성령을 체험하는 경우다. 하나님은 바로 그곳 술집에 그들과 함께 계셨던 것이다. 술은 생각을 둔하게 만들어 일종의 억압 상태에서 벗어나게 하는 효과가 있는데, 바로 그 효과 때문에 하나님에 대한 억압마저도 느슨해진다. 안타까운 것은 그런 상태에서 그들을 하나님께로 이끄는 것이 항상 '의지의 선택' 은 아니라는 것이다. 그저 갈급한 마음에 떠밀릴 뿐이다. 그들의 생각은 무디어지고 마음은 갈급해진다. 그러다가 정신이 맑아지고 자신의 의지가 꺾인 것을 알게 되는 순간 그들은 대개 원 상태로 돌아간다. 정상적 만남이 아니었기 때문이다. 인간 내면의 갈급한 마음에 굽히지 않는 머리(생각)와 깨지지 않은(드려지지 않은) 의지가 합해지면 결과는 불행이다.

하나님이 술집에서도 그런 일을 하실 수 있다면 그분이 '혼자' 행하시는 다른 일들에 대해 우리가 놀랄 까닭이 무엇인가? 교회에서 자라지 않은 대다수 사람들의 간증을 들어 보면, 하나님의 깨우침에 처음 양심이 찔리던 순간에 그들이 교회나 종교적인 상황 가운데 있었던 것은 아니다. 이 모든 경우는 하나님이 어디에나 항상 계시다는 무소부재의 영향력을 잘 보여 준다.

그러나, 하나님이 어디에나 항상 계심에도 불구하고, 그분의 존재가 특정한 때와 장소에 집중적으로 임하시는 경우가 있다. 많은 사람이 그것을 '하나님의 명백한 임재' 라 부른다. 그럴 때 사람들은 하나님이 친히 '방 안에 들어와 계심' 을 강하게 느낀다. 다시 말해 하나님은 정말 어디에나 항상 계시지만, 어느 특정 시기에는 '저기' 보다 '여기' 에 더 많이 계신다. 하나님은 다른 곳보다 한 곳에, 다른 때보다 한 시점에 자신을 더 강하게 집중하여 계시하실 때가 있다는 말이다. 이 개념이 당신에게 신학적으로 불편하게 느껴질지도 모른다. '잠깐! 하나님은 언제나 여기 계신다. 그분은 편재하신 분이야.' 이런 생각이 들 수도 있다. 맞다.

하지만 그분이 "내 이름으로 일컫는 내 백성이… 스스로 겸비하고 기도하여 내 얼굴을 구하면…"(대하 7:14)이라고 말씀하신 까닭은 무엇일까? 그들은 이미 그분의 백성인데 그분의 무엇을 더 구해야 한단

> 하나님은 어디에나 계시지만 그 얼굴과 마음을 어디로나 향하시는 것은 아니다. 그래서 그분은 우리에게 자신의 얼굴을 구하라고 하신다. 당신은 어린아이처럼 그분 무릎에 기어올라 그분의 얼굴을 잡고 당신에게로 향하게 한 때가 언제인가?

말인가? 그분의 얼굴을 구하라! 왜? 그분의 얼굴이 향하는 곳으로 그분의 마음이 흐르기 때문이다. 우리는 하나님의 자녀이면서도 그분의 마음을 얻지 못할 수 있다. 육신의 부모가 자식을 버리지는 않지만 못마땅해할 수 있는 것과 마찬가지다. 위 말씀에 특히 흥미로운 구절이 나온다. 하나님은 모든 세대의 자기 백성들에게 말씀하셨다. '그들이 하나님의 얼굴을 구하고 그 악한 길에서 떠나면' 하늘에서 듣고 그 땅을 고치시겠다고.

어떻게 우리는 하나님의 백성이면서도 악한 길을 갈 수 있을까? 하나님의 얼굴을 바라보지 않고 그분 언저리를 맴도는 데 만족하는 것도 '악한 길'의 일면일 것이다. 하나님의 시선과 마음을 우리 쪽으로 돌려놓는 유일한 방법은 우리의 갈급함이다. 우리는 회개하고 그분의 얼굴을 찾으며 기도해야 한다. "하나님, 우리를 보소서. 우리도 하나님을 봅니다."

눈빛으로 인도받으라

하나님의 사람들은 기록된 말씀 내지 예언적 말씀만으로 인도받는 경우가 너무 많다. 그러나 성경에 의하면 하나님은 우리가 그 상태를 넘어서길 원하신다. 그분을 향해 마음이 한결 민감하고 성숙해져 그분께 '눈빛으로 인도받는'(시 32:8-9 참조) 데까지 이르길 원하신다. 내가 자랄 때 우리 집에서는 엄마나 아빠의 눈빛 하나로 일이 처리되곤 했다. 어린 내가 어리석은 짓을 저지를 경우 부모님은 매번 말로 할 필요가 없었다. 곱게 눈을 흘기거나 노려보셨는데 그 시선 속에 필요한 훈계가 다 들어 있었다.

당신은 강대상에서 울리는 우뢰 같은 목소리를 들어야만 하는가? 신랄한 예언적 말씀이 있어야만 삶의 길을 고치는가? 아니면 하나님의 얼굴에 나타난 감정을 읽을 수 있는가? 그분이 눈빛으로 인도하며 마음의 죄를 깨우쳐 주실 수 있을 만큼 당신의 마음은 민감한가? 그분이 당신의 움직임에 눈길을 보내실 때 당신은 "그건 할 수 없다. 거긴 갈 수 없다. 그 말은 할 수 없다. 우리 아버지가 싫어하시기 때문이다"라고 대뜸 말할 수 있는가? 베드로는 하나님의 시선에 죄를 깨달았다. 강단의 음악처럼 들려오는 수탉 울음에 그는 민감한 마음으로 통곡했다.

하나님은 어디에나 계시지만 그 얼굴과 마음을 어디로나 향하시는 것은 아니다. 그래서 그분은 우리에게 자신의 얼굴을 구하라고 하신다. 물론 그분은 우리가 다른 성도들과 만나 예배드릴 때, 그곳에 계신다. 하지만 당신이 갈급함으로, 어린아이처럼 그분 무릎에 기어올라 그분의 얼굴을 잡고 당신에게로 향하게 한 때가 언제인가? 그분과의 친밀함! 하나님이 원하시는 것은 그것이다. 그분의 얼굴이야말로 우리의 최고 초점이 돼야 한다.

이스라엘 백성들은 하나님의 명백한 임재를 하나님의 '셰키나(히브리어 shekinah, 현현) 영광'이라 표현했다. 다윗이 언약궤를 예루살렘으로 되가져오고자 했을 때 그의 관심은 도금 상자에 있지 않았다. 그의 관심은 언약궤 위에 있는 두 그룹의 펼친 날개 사이에 머물던 파란 불꽃에 있었다. 다윗이 원한 것은 그것이었다.

그 불꽃이 하나님 자신의 임재를 상징했기 때문이다. 하나님의 그 영광 또는 명백한 임재가 가는 곳에는 어디나 승리와 능력과 축복이 있었다. 친밀함은 '축복'을 가져오지만 '축복'을 구한다고 언제나 친밀해지는 것은 아니다.

우리가 갈구하는 것은 하나님의 명백한 임재의 회복이다. 하나님의 영광을 접한 모세의 얼굴에는 그 영광의 잔영이 남아 빛이 났다.

그 얼굴이 하도 빛나 사람들은 그에게 "우리가 감히 쳐다보지 못하겠으니 얼굴을 가려 주시오"(출 34:29-35 참조)라고 말했다. 물건이든 사람이든 하나님의 명백한 임재에 노출되면 그분의 영광이 물리적으로 배어들기 시작한다. 지성소가 어떤 곳이었을지 한번 상상해 보라. 그 동물 털가죽과 휘장과 언약궤에 하나님의 영광이 얼마나 배어 있었겠는가?

하나님이 어떤 장소나 사람들 가운데 찾아오시면 희한한 일들이 벌어지기 시작한다. 단지 그분이 거기 계시기 때문이다. 내 말이 믿어지지 않거든 야곱에게 물어보라. 특히 문제를 피하려던 그의 모습을 보라. 어느 시점에서 하나님은 그에게 벧엘 즉 '하나님의 집'으로 돌아갈 것을 명하신다. 그러자 야곱은 가족들에게 이렇게 말한다. "우리가 벧엘로 돌아갈 수만 있다면 나는 거기에 단을 쌓을 것이고 우리는 무사할 것이다"(창 35:1-3 참조). 그는 벧엘에 하나님의 임재가 남아 있음을 알았다!

야곱과 그 가족들이 벧엘을 향해 떠나자 재미있는 일이 벌어진다. "그들이 발행하였으나 하나님이 그 사면 고을들로 크게 두려워하게 하신 고로 야곱의 아들들을 추격하는 자가 없었더라"(창 35:5). 여기 '두려워하다'라는 히브리어 단어는 '엎드리다, 무력이나 혼란이나 무서움 때문에 고꾸라지다'[1]는 뜻의 어근에서 온 것이다. '여호와를 두려워하는' 마음이 이 세상에서 회복되기 원한다면 교회는 하나님의 명백한 임재의 장소인 벧엘로 돌아가야 한다.

하나님 임재의 위력

하나님의 명백한 임재는 사람이 없는 곳에도 머무는 경우가 많다. 기억나는 일이 있다. 하나님이 임하신 어느 교회의 한 사역자가 주중 어느 날 강단 화분의 물을 갈아 주러 예배실의 강단 안쪽으로 들어갔다. 이후 그는 나오지 않았다. 세 시간이 지나서야 사람들은 그가 없어진 것을 알고 여기저기 찾아다녔다. 예배실 안은 어두컴컴했다. 불을 켜자 그 사람이 강단에 넘어진 채로 엎드러져 있었다. 하나님 임재의 구름에 걸려 넘어졌던 것이다. 그 교회에는 성도들이 예배드리는 중 돌연 하나님 임재의 구름이 임한 경우가 꽤 있었다. 그럴 때는 무섭다. 하나님 영광의 안개가 우리 눈앞에 빽빽이 들어차기 시작한다. 나도 설명할 수 없다. 다만 그런 일이 있었다는 것을 말할 뿐이다.

그곳의 한 목사에게 무신론자 처남이 있었다. 사실 그는 단순한 무신론자가 아니라 '무신론을 전파하는 자'였다. 그는 가족 모임에서 항상 문제를 일으키며 격한 입씨름을 벌였기 때문에 웬만하면 피하고 싶은 사람이었다. 이 교회에 하나님이 한창 거하고 계시던 어느 날, 그 처남이 목사 부인인 누나에게 전화해 말했다. "그쪽에 갈 거니까 공항에 좀 나와 주세요. 이틀쯤 누나 집에 있을까 해서요."

---

1. James Strong, *Strong's Exhaustive Concordance of the Bible*(Peabody, MA: Hendrickson Publishers, 연대 미상, terror; #H2847, #H2865

> 처남의 한 발이 문턱 저편인 교회 바닥에 닿는 순간 그는 푹 고꾸라졌고 울며 부르짖기 시작했다. "하나님, 도와주세요! 전 준비가 안돼 있어요. 어떻게 하는 건지 몰라요!" 무신론자가 하나님 영광의 잔재 혹은 남아 있는 임재를 만난 것이다.

전에 없던 일이었는지라 목사는 뭔가 조짐을 느꼈다. 그가 도착했다. 자기도 왜 왔는지 모르는 것이 분명했다. 이상한 일이었다. 공통 관심사가 전혀 없는 그들은 서로 말을 이어가려 애썼다. 그러나 공항에서 돌아오는 차 안에는 오래도록 어색한 침묵이 흘렀다. 마침 교회를 지나가면서 목사가 말했다. "저게 우리 교회일세. 막 개조를 끝냈지." 그 또한 어색한 침묵의 순간으로 이어지기는 마찬가지였다. 그때 갑자기 처남이 교회를 한번도 본 적이 없다는 것을 깨달은 목사는 이렇게 물었다. "들어가서 볼 생각은 없겠지?" 무신론자 처남의 대답에 목사는 깜짝 놀랐다. "보고 싶습니다."

교회 주차장으로 들어선 목사는 열쇠로 교회 문을 열었다. 처남은 목사 바로 뒤에 있었고 목사 부인이 맨 뒤를 따랐다. 목사는 안으로 들어가 처남을 위해 문을 잡고 있었다. 그런데, 처남의 한 발이 문턱 저편인 교회 바닥에 닿는 순간, 그는 푹 고꾸라졌고 울며 부르짖기 시작했다. "하나님. 도와주세요! 전 준비가 안돼 있어요. 어떻게 하는 건지 몰라요! 뭘 어떻게 해야 됩니까?"

곧 그는 목사를 붙잡고 말했다. "지금 당장 구원받는 길을 알려 주십시오!" 시종 그는 바닥에서 몸부림치며 걷잡을 수 없이 울었다. 그래서 목사는 건물 안팎으로 몸을 절반씩 걸친 채 나자빠져 있는 처남을 그 자리에서 주님께 인도했고, 그러는 동안 그의 누나는 출입문을 붙들고 있었다! 그녀의 무신론자 동생이 하나님 영광의 잔재 혹은 남아 있는 임재를 만났던 것이다.

그가 어느 정도 진정되자 그들이 어떻게 된 일이냐고 물었다. 그는 말했다. "나도 어떻게 설명해야 될지 모르겠어요. 분명한 것은 건물 밖에 있을 때만 해도 내가 무신론자였고 하나님의 존재를 믿지 않았다는 겁니다. 그런데 저 문턱을 넘어가는 순간 하나님을 만난 것이지요. 하나님인 것을 알았습니다. 그때 똑바로 살아야겠다는 생각과 함께 여태까지 엉터리 인생을 살아왔다는 기분이 들었습니다." 그리고는 "온몸에 힘이 쭉 빠지더군요"라고 덧붙였다.

이러한 임재의 위력이 교회 건물이라는 국한된 곳을 벗어나 도시나 지역으로 확산된다면 어떤 일이 벌어질까?

기름부음의 참 목적

하나님의 기름부음이 인간의 육신에 머물면 매사가 더 원활해진다. 성경에서 기름부음과 그 목적을 가장 잘 보여 주는 그림 중 하나가 에스더서에 나온다. 페르시아 왕 앞에 나아가고자 준비할 때 에스더는 몰약 기름과 향품에 계속 몸을 적시며 규례대로 1년간 몸을 정결케 해야 했다. 묘하게도 그 성분은 히브리인들이 예배 때 쓰는 향, 기름 성분과 동일했다. 어쨌든 그녀는 왕과 하룻밤을 보내기 위해 1년을 준비한 것이다! 그렇게 향기로운 기름에 흠뻑 적셔지는 동안, 에스더 곁에 다가오는 모든 남자는 "향기가 정말 좋구나"라고 느끼게 된다. 하지만 에스더는 그들에게 한시도 시간을 내줄 마음이 없다. 똑같은 이유로 우리도 인간의 인정을 좇느라 마음이 나뉘어서는 절대 안된다. 나는 분명히 말한다.

"기름부음의 목적은 인간들 마음에 들기 위해서가 아니라 왕이신 하나님 마음에 들기 위해서다."

사람들이 나를 인정하는 것보다 왕이신 하나님이 인정하시는 것이 훨씬 중요하다. 다윗은 사람들을 통해 왕관을 쓰기 오래 전에 이미 하나님의 기름부음을 받았다. 그는 인간의 인정보다 하나님의 인정을 구했다. 다윗은 하나님을 좇는 자였다!

그러나 우리는 하나님의 기름부음에 불륜을 저지를 때가 너무 많다. 그분을 위해 귀하고 향기로운 기름으로 몸을 씻으며 준비해 놓고는, 정작 한다는 일이 인간들 앞에서 자랑하고 다니는 것이다! 왕의 내실로 가는 길에 곁눈질하고 장난치다 결국 저급한 다른 연인들에게 혹해 도중하차하고 만다. 우리의 왕은 '훼손된 제품'은 받지 않으신다는 사실을 잊지 말아야 한다. 오직 순결한 처녀만이 왕 앞에 나아갈 수 있다. "설교 좋았습니다!"라든지 "노래 실력 정말 대단하군요!" 따위의 말로 인간에게 영광과 시선을 돌릴 때 또는 인간의 영광과 시선을 구할 때, 우리는 그분의 기름부음에 불륜을 행하는 것이다. 그것은 인간을(육신을) 기쁘게 하려는 행위다. 심지어 우리의 예배도 인간의 취향에 맞춰 짜여진다.

기름부음은 과연 우리 삶에 놀라운 일을 일으키며 압제의 멍에를 풀어 준다. 그러나 그것은 부산물일 뿐이다. 아내를 위해 내 몸에 향수를 뿌리는 것과 흡사하다. 부산물로 나는 모든 사람에게 향기를 풍기게 된다. 그러나 향수의 목적은 그들이 아니라 아내를 위한 것이다! 육신의 악취를 감추는 기름부음의 본 목적을 간과한 채, 서로 환심을 사 불장난하려고 향수를 이용한다면 문제가 생긴다.

'궁녀의 집'에 들어가 정결케 하는 기름과 비누를 지급 받은 에스더는 몸 씻는 과정을 통해 시골뜨기 여자에서 왕비로 변모했다. 다시 말하지만 기름부음의 본 목적은 달변과 향취로 인간에게 잘 보이는 것이 아니다. 그것은 부산물이다. 기름부음의 참 목적은 왕의 방에서 그분의 총애를 얻는 것이다. 지금 우리 육신은 하나님께 악취를 풍기고 있다. 기름부음을 통해 우리는 왕께 합당한 자가 되어야 한다. 기름부음은 시골뜨기를 왕비로, 장차 신부 될 자로 가꾸시는 하나님의 과정이다!

기름부음으로 우리의 예배나 설교가 더 좋아질 수 있다. 다만 우리가 기억해야 할 것은, 기름부음이 개인에게 임하든 예배드리는 회중에게 임하든 그것이 끝이 아니라 시작이라는 사실이다. 우리 중에는 하나님 임재의 '휘장 앞에서 춤추면서' 기름부음에 불륜을 행하는 자들이 있다. 기름부음의 최종 목표가 휘장을 지나 그분의 영광 안으로 들어가도록 준비시키는 것임을 깨닫지 못한 채 말이다. 왕의 방인 지성소는 기름부음 받은 자들을 기다리고 있다. 성소의 모든 물품 안팎에는 글자 그대로 거룩한 기름을 바르도록 돼 있었다. 제사장의 옷도 예외가 아니었다. 이어 제사장은 '곱게 간 향'을 취해 공간 자체를 거룩하게 했다.

[아론과 그 자손들은] 향로를 취하여 여호와 앞 단 위에서 피운 불을 그것에 채우고 또 두 손에 곱게 간 향기로운 향을 채워 가지고 장 안에 들어가서 여호와 앞에서 분향하여 향연으로 증거궤 위 속죄소를 가리우게 할지니 그리하면 그가 죽음을 면할 것이며(레 16:12-13).

구약의 규례에 따르면 대제사장이 지성소에 들어가기 전에 마지막으로 한 일은 흔들 향로에 한줌 향(기름부음의 상징)을 담아 휘장 안으

> 기름부음의 참 목적은 그분의 총애를 얻는 것이다. 지금 우리 육신은 하나님께 악취를 풍기고 있다. 기름부음을 통해 우리는 왕께 합당한 자가 되어야 한다. 기름부음은 시골뜨기를 왕비로 가꾸시는 하나님의 과정이다!

로 손과 향로를 들이밀고 짙은 연막을 피우는 것이었다. 이유는? '증거궤를 가리워 죽음을 면하기' 위해서였다(레 16:13). 제사장은 연기를 충분히 피워 하나님의 임재에서 자신의 몸을 덮거나 가려야 했다.

'기름부음'은 예배 때의 인간 행동과 관련된 것이다. 지성소를 연기로 채운 것은 밀폐된 장소에서 하나님의 임재를 경험하고도 살아나기 위해서였고, 그것이 바로 기름부음 받은 예배였다. 구약에 보면 때로 하나님은 지성소 밖으로 나와 친히 구름에 싸이신 적도 있다. 인간이 그분을 보고 죽지 않도록 말이다. 황소와 염소 피에 근거한 옛 언약 아래에서는 제사장이 자욱한 연막을 피워야만 했다. 그래서 지성소 안에서 하는 그의 모든 일은 시각에 의해서가 아니라 촉각에 의해 이루어졌다. 우리는 보이는 것이 아니라 믿음으로 행하는 자다! "하나님, 여기 어딘가 하나님이 계심을 압니다."

육신에서 영광으로

성경은, 예수 그리스도가 갈보리에서 죽으심으로 성전을 갈라놓은 휘장이 둘로 찢어졌고 이후 우리는 그 피를 통해 하나님의 임재에 자유로이 들어갈 수 있게 됐다고 말한다. 그런데도 우리는 들어가지 않고 있다. 간혹 누군가 휘장 밖에서 춤추다가 휘장 너머로 넘어지거나 고꾸라졌다가 눈이 휘둥그레져서 나오기도 한다. 그러나 우리는 대부분 휘장 바로 앞에서 다시 춤판으로 돌아간다. 새로 열린 가능성에 잔뜩 흥분하기만 할 뿐 정작 그 과정을 완성시키지는 않는다. 기름부음의 목적은 우리를 육신에서 영광으로 건너가게 하는 것이다. 우리가 '기름부음'에 머물고자 하는 한 가지 이유는, 육신이 기분 좋기 때문이다. 반면 하나님의 '영광'이 임하면 육신은 그다지 편하지 않다.

하나님의 영광이 임하면 우리도 이사야 선지자처럼 된다. 그분의 임재 앞에 우리의 육신은 흐물흐물해지기 때문에 그 상황에서 할 수 있는 일이라고는 영광의 그분을 보는 것밖에 없다. 그분의 임재 앞에 있을 때 나는 아무것도 못하는 사람이 된다. 그것이 내가 내린 결론이다. 하나님이 영광 중에 임하시면 내가 설교할 필요가 전혀 없어진다(히 8:11 참조). 그분의 임재만으로 사람들은 그분의 거룩하심을 확실히 안다. 동시에 그들은 자신의 거룩하지 못한 모습을 깨닫고 회개하며 하나님 앞에 거룩하게 살아야 할 필요성을 통감한다. 사람들은 그분이 찬양과 경배 받으시기에 합당한 분임을 깨닫는다. 더 깊이 들어가고 싶고, 다른 이들을 그분의 임재로 인도하고 싶은 강렬한 열망에 사로잡힌다!

야곱은 축복을 받으려 기도하고 씨름했지만 그가 받은 것은 '변화'였다. 그의 이름과 걸음걸이와 행동이 변화됐다. 나는 하나님이 우리 삶에 경건한 변화를 주시고자 때로 우리 몸의 작은 부위에 '죽음'을 주신다고 믿는다. 마치 야곱의 둔부처럼(창 32:32 참조). 하나님의 영광에 접할 때마다 우리 안에서는 뭔가가 죽는다. 더 많이 죽을수록 우리는 하나님과 더욱 가까워진다. 이사야가 뜨거운 숯을 입술에 받은 것처럼 우리도 하나님 임재의 뜨거운 빵을 받으면 영원히 변화된다. 우리의 육신이 더 많이 죽을수록 우리의 영은 더 많이 살아난다. 이사야 예언의 첫 여섯 장은 '화로다'가 주제를 이룬다. 그는 "화로다 나여, 화로다 너희여, 화로다 우리 모두여"라고 탄식한다. 그러나 높이 들리신 여호와를 뵌 뒤로 선지자는 신약의 문맥에서만 이해할 수 있는 말들을 하기 시작한다.

영광을 접한 후에도 달라지지 않는 것이 하나 있다. 둔부에 축복을 받는 과정, 즉 우리 육신의 입술에 하나님 영광의 뜨거운 숯이 닿는 과정은 여전히 기분 좋지 않다. 휘장 앞에서 춤추는 우리에게 그것은 여전히 달갑지 않은 일이다. 구약의 제사장들은 하나님의 영광이 장난거리가 아님을 본능적으로 알았다. 그래서 그들은 대제사장이 휘장 안으로 들어가기 전 그의 발목에 끈을 묶었다. 교만한 마음이나 죄 중에 하나님의 임재에 들어서면 살아 나오지 못한다는 것을 알았기 때문이다. 그 경우 그들은 대제사장의 시체를 휘장 바깥으로 끌어내야 했다. 다음번에는 그런 일이 없기를 바라면서 말이다. 오늘날 우리도 똑같은 문제를 직시해야 한다. 기름부음을 넘어 하나님의 분명한 영광으로 들어오라고 부르시는 그분의 음성에 우리는 순종해야 한다.

교회사를 보면 그 영광을 알았던 자들이 있다. 스미스 위글즈워스(Smith Wigglesworth)도 그런 사람이다. 그의 전기에 이런 이야기가 나온다. 한 목사가 위글즈워스와 함께 기도를 시작했다. 목사는 끝까지 그와 함께 기도실에 있을 작정이었으나 결국 무릎 걸음으로 그 방에서 엉금엉금 기어 나올 수밖에 없었다. '하나님이 너무 충만해서'였다. 있을 수 있는 일이다. 그러나 당신은 그런 곳에서 걸을 수 있다. 그분과 동행했던 에녹에게 물어보라. 남아 있는 것은 인간의 은사, 사역, 의견, 능력이 아니라 하나님의 영광뿐이다. 그것이 이 추구의 마지막 결과다. 하나님의 명백한 임재 안에 있을 때 당신과 내가 할 일은 거의 없다. 그런데도 크고 놀라운 일들이 벌어진다. 반면 당신과 내가 '우리 일'을 할 때는 결과도 미미하고 그 안에 하나님의 영광도 별로 없다. 그것이 차이다.

기름부음과 영광의 차이를 보여 주는 예화가 또 하나 있다. 맑고 추운 날 카펫에 발을 문지른 뒤 코끝을 만지면 손이 찌릿하다. 맨손으로 220볼트 전선을 잡아도 찌릿하다. 두 경우 다 찌릿함의 원인은 전기다. 원리는 동일하다. 그러나 하나는 찌릿함으로 끝나지만 다른 하나는 우리를 즉사시키거나 온 집안을 밝힐 위력이 있다. 원인은 똑같지만 강도와 목표와 범위가 다르다.

우리가 짠 프로그램을 하나님의 명백한 임재로 대치하실 기회를 그분께 드리기만 한다면, 우리는 교회 문에 들어서는 사람들 혹은 상점가에서 마주치는 사람들에게 어떤 말도 할 필요가 없다. 그들은 말 한마디 듣지 않고도 죄를 깨닫고 서둘러 하나님과 바른 관계를 맺을 것이다.

그분의 마음을 얻으라

우리는 우리 가운데 남겨진 영광의 잔영만으로도 죄인들을 즉각 깨우침과 회심의 자리로 이끌 수 있어야 한다. 그 정도로 하나님의 명백한 임재를 누리고 반기는 법을 배워야 한다. 나는 그런 부흥의 장면을 너무너무 보고 싶다. 그러나 조심하지 않으면 우리는 등불을 꺼뜨릴 수 있다. 하나님은 우리의 전유물이 아니다. 우리가 아직 그분과 결혼하지 않았기 때문이다. 그분은 아직도 티 없고 흠 없는 신부를 찾고 계신다. 이미 식장에서 첫 신부를 버리신 그분이 우리도 얼마든지 제하실 수 있음을 잊지 말라.

> 하나님은 그분의 혜택만 구하는 자들에게는 오시지 않는다. 하나님은 그분의 얼굴을 구하는 자들에게 오신다. 우리가 눈물과 회개로 그분의 자리를 준비하는 것만이 하나님의 잠깐 방문을 평생 거주로 바꿀 수 있는 유일한 방법이다.

하나님이 각 도시와 지역에 다가가시는 데 우리가 알고 있는 교회를 '폐할' 필요가 있다면, 그분은 분명 그리하실 것이다. 하나님의 완전한 교회를 우리가 불완전하게 바꿔 놓았다. 그분은 그 모습을 못마땅해하시고, 자신이 지으신 집을 되찾으려 하신다. 그분이 하시려는 일을 인간이 만들어 낸 악취 나는 쓰레기가 막는다면, 그분은 그 쓰레기더미를 옆으로 밀치고 갈급한 자들을 찾으실 것이다. 그분의 마음은 잃어버린 자들을 향해 있다. 잃어버린 자들을 구하고자 독생자도 아끼지 않으신 하나님은 우리도 아끼지 않으실 것이다.

우리 뜻을 하나님이 하시려는 일에 맞춰야 한다. 당신과 내가 매주 교회에 들고 다니는 성경에 "우리가 그분을 찬양하지 않으면 돌들이 외칠 것"(눅 19:40 참조)이라고 써 있다. 교회가 하나님을 찬양하고 순종하지 않는다면, 그분이 그렇게 할 사람들을 찾아 일으키실 것이다. 우리가 도시의 거리거리에서 하나님의 영광을 노래하지 않는다면, 그분이 신앙 없는 무관한 세대를 일으켜 그들에게 자신의 영광을 드러내실 것이다. 그분의 골칫거리는 '영적 미지근함'이라는 난치병을 앓고 있는 우리다. 우리는 갈급함이 부족하다!

하나님은 그분의 혜택만 구하는 자들에게는 오시지 않는다. 하나님은 그분의 얼굴을 구하는 자들에게 오신다. 구약시대에는 자기 얼굴을 보이지 않는 것은 고의로 상대를 피한다는 뜻이었다. 교회의 옛 율법에는 '대면 거부'라는 벌도 있었다. 우리는 우리의 업적은 자랑할

가까이 나아가라

수 있고 부족한 점은 덮어 둘 수 있다. 그러나 무슨 일을 하던 하나님께는 오직 회개를 통해서만 갈 수 있다.

우리가 눈물과 회개로 그분의 자리를 준비하는 것만이 하나님의 잠깐 방문을 평생 거주로 바꿀 수 있는 유일한 방법이다. 그래야 더 이상 그분이 우리의 무지를 보고도 못 본 체 하시지 않을 것이다. 그분은 자신의 거룩한 눈빛에 혹 우리가 죽을까 봐 정말로 눈을 감고 우리를 보지 않으실 것이다.

하나님은 교회에서 언성 높여 가르치는 일에 지치셨다. 그분은 눈빛으로 우리를 인도하기 원하신다. 그러려면 그분의 얼굴이 보일 만큼 가까이 가야 한다. 그분은 공적인 책망을 통해 우리를 바로잡는 일에도 지치셨다. 우리는 너무 오랫동안 그분의 손길만 구해 왔다. 우리는 그분이 해 주실 수 있는 일을 원한다. 그분의 축복을 원하고 짜릿한 흥분을 원한다. 물고기와 빵을 원한다… 그러나 깊은 헌신으로 그분의 얼굴을 구하는 일에는 꾀를 부린다.

그분의 얼굴을 구하면 그분의 마음을 얻을 수 있다. 우리는 하나님의 '무소부재'를 오랫동안 누려 왔다. 그러나 이제 우리는 비록 짧은 순간이나마 그분의 '명백한 임재'를 체험하고 있다. 그 앞에서 우리의 머리털은 죄다 곤두서고 귀신들은 삽시간에 달아난다. 만약 목사가 기름부음을 받는다면 설교를 더 잘할 수 있다. 그러나 영광이 임하면 아무것도 할 수 없다. 비틀거리고 말을 더듬으며 그저 비켜서고 싶게 된다. 만약 가수라면 기름부음을 받아 노래를 더 잘할 수 있다. 그러나 영광이 임하면 노래가 안 나온다. 왜? 그분의 임재 앞에 어떤 육체도 자랑할 수 없다고 하나님이 선포하셨기 때문이다(고전 1:29 참조).

그렇다고 우리가 나쁜 사람이라거나 죄 가운데 살고 있다는 뜻은 아니다. 다만 한낱 평범한 인간에 지나지 않는 당신이 하나님의 임재에 붙들리게 된다는 뜻이다. 솔로몬 성전을 헌당할 때의 일이 그리운 추억으로 떠오르지 않는가? 제사장과 섬기는 자들은 감히 서서 섬길 수 없었다(왕상 8장 참조). 그들은 축복 받고 돌아 나온 것이 아니라 두려워 땅에 얼굴을 묻고 조아렸을 것이다!

영광이 임하면 사람들이 아주 희한한 일들을 한다. 나는 밤마다 곳곳의 거룩한 집회에서 폭발하는 사람들의 모습을 보았다. 하룻밤은 한 여자가 이렇게 말했다. "저는 이 교회에 한번도 와 본 적이 없어요. 그리고 솔직히 내일 아침 남편과 헤어질 참이었어요. 그런데 오늘 저녁 7시 반 식탁에 앉아 있는데 하나님이 말씀하시는 거예요. 내가 하나님 말씀을 들은 적은 한번도 없지만 분명 그분이었어요. 그분은 내게 '지금 당장 일어나 저 교회로 가라. 초록색 지붕의 저 건물이다'고 말씀하셨어요."

그녀는 교회로 가 뒷자리에 앉았다. 그리고는 엎드려 2시간 동안 울며 회개했다. 아무도 그녀에게 이래라 저래라 할 필요 없었다. 그녀의 부부 관계가 회복된 것은 말할 것도 없다.

뭔가가 더 있어야 한다

사실 우리는 부흥을 모른다. 참 부흥이 무엇인지 개념조차 없다. 세대를 거듭할수록 우리는 도로나 교회 입구에 현수막을 거는 것을 부흥으로 생각했다. 유창한 설교자와 훌륭한 음악, 교회 등록을 결단하는 몇몇 사람들만 있으면 우리는 부흥인 줄 안다. 하지만, 아니다!

참 부흥이란, 식당에서 밥을 먹거나 상점가를 걷던 사람들이 갑자기 울음을 터뜨리며 친구들에게 "내 문제가 뭔지는 모르겠지만 하나님과 관계를 정립해야 될 것 같다"고 말하는 것이다. 참 부흥이란, 가장 전도하기 어렵고 가장 안 믿을 것 같던 사람이 모든 조건을 버리고 예수님께로 오는 것이다. 그런 사람들이 평소에 믿지 못하는 주된 원인은 하나님은 거의 안 보이고 인간만 너무 많이 보이기 때문이다.

우리는 사람들의 목구멍에 교리를 쑤셔 넣으려고 애써 왔다. 모든 건물의 벽을 도배할 수 있을 정도로 수많은 전도지를 찍어 냈다. 물론 전도지를 통해 구원받은 사람들이 있고 그에 대해 하나님께 감사드린다. 그러나 사람들은 교리를 원하지 않는다. 전도지를 원하지 않는다. 우리의 어줍잖은 논증을 원하지 않는다. 그들은 하나님을 원할 뿐이다! 논증으로 쉽게 신앙을 가진 사람들은 그만큼 쉽게 논증으로 신앙을 버릴 수도 있다. 한동안은 우리의 감동적인 음악이 사람들을 끌어 모을지도 모른다. 그러나 그들은 음악이 좋은 동안만 흥미를 느낄 것이다. 우리는 실력이 우리와 같거나 우리보다 뛰어난 부분에서 세상과 경쟁해서는 안 된다. 그러나 하나님의 임재에 관한 한 세상은 우리의 경쟁 상대가 못된다.

내가 비밀을 한 가지 알려 줄 테니, 그것을 만나는 사람 누구에게나 말하길 바란다. 사람들이 언제 교회 안으로 들어오기 시작하는지 알고 싶지 않은가? 하나님의 임재가 있다는 말만 들리면 사람들은 즉시 몰려올 것이다! 지금은 하나님 임재의 명백한 능력을 재발견해야 할 때다.

하나님은 그분의 임재를 바로 받아들일 만큼, 갈급할 대로 갈급한 사람들을 찾고 계신다. 그분이 오실 때 우리는 신문, 라디오, TV에 광고를 낼 필요가 전혀 없다. 우리에게 필요한 것은 하나님뿐이다. 그분만 계시다면 언제라도 원근 각처에서 사람들이 모일 것이다! 나는 지금 이론이나 허구를 말하는 것이 아니다. 이것은 이미 벌어지고 있는 일이다. 모든 것은 갈급한 자들의 기도로 시작된다. 분명 뭔가가 더 있어야 한다.

하나님 임재의 원리 3

목 적 을 잊 지 않 는 다

왕이신 하나님 마음에 드는 것,
이것이 기름부음의 참 목적이다.
이에 충실할 때 우리는 영광에 이른다.
그리하여 그분의 마음을 얻는다.

4 육체를 버리라

완전히 죽은 자들만이 하나님의 얼굴을 본다

"여기 어딘가에 있다는 건 알겠는데…난 지금 아주 가까이까지 와 있는데 말야. 통하는 길이 반드시 있을 거야. 아, 저기 있군. 그런데 이 길은 별로 좋아 보이지 않는 걸. 흠, 피 묻은 험한 길 같군. 어디, 길 이름이 뭔가 보자… '회개'라. 이 길이 맞는 걸까? 이 길이 하나님의 얼굴과 임재에 이르는 길 맞을까? 길동무한테 물어봐야겠군. 모세여, 말해 보시오. 당신은 가 본 길 아니오? 말해 주시오."

여호와께서 모세에게 이르시되 너의 말하는 이 일도 내가 하리니 너는 내 목전에 은총을 입었고 내가 이름으로도 너를 앎이니라 모세가 가로되 원컨대 주의 영광을 내게 보이소서 또 가라사대 네가 내 얼굴을 보지 못하리니 나를 보고 살 자가 없음이니라 (출 33:17-18, 20).

모세가 하나님께 영광을 보여 달라고 하자 하나님은 자신을 보면 죽게 된다고 경고하셨다. 새로운 언약 안에서도 이 말씀은 진리다. 오직 죽은 자들만이 하나님을 볼 수 있다. 그분의 영광과 우리의 죽음 사이에는 분명 상관관계가 있다.

"보기 원합니다. 봐야만 합니다" 하면서 하나님을 조르기 시작했을 때 모세는 이미 성막의 설계도를 받은 후였다. 성막은 갈보리 십자가 사건이 있기 전, 인간을 구원하여 하나님의 임재를 회복케 하는 곳이었다. 모세는 그 성막 건축의 세부 사항을 수행하도록 하나님께 택함 받은 자였다. 나는 모세가 성막과 율법을 보며 이런 생각을 했다고 믿는다. '이것은 본체가 아니다. 하나님이 장차 하시려는 일의 모델에 불과하다. 단순한 모형이요 그림자에 지나지 않는다.' 나는 모세가 성막의 모든 기구와 집기에 상징적 의미가 있음을 알았다고 본다. 그래서 그는 완성품을 보고 싶어했을 것이다. 그는 한 세대에 짓기에는 너무 큰 성전을 시작했고, 때문에 "주의 영광을 내게 보이소서" 하고 구했다. 그때 하나님은 "너는 볼 수 없다. 죽은 자들만이 내 얼굴을 볼 수 있다"고 말씀하셨다.

기도로 천국 창을 열라

나는 에이미 샘플 맥퍼슨(Aimee Semple McPherson;1890-1944, 미국에서 활동한 복음 전도자)과 윌리엄 세이무어(William Seymour;1870-1922, 미국 아주사 부흥 운동의 선구자) 같은 사람들의 비전 기도에 대한 글을 좋아한다. 세이무어는 아주사(Azusa)거리의 철야 집회가 있는 동안 사과나무 아래에서 하나님의 영광이 임할 것을 간절히 기도하곤 했다. 하나님 백성들의 합심 기도가 한데 응집돼 마침내 그 힘과 갈급함과 절절함이 정점에 달하면, 즉 기도가 '차고 넘치게' 되면 하나님도 더는 지체하실 수 없으리라고 나는 믿는다. 그 시점이 되면 결국 그분의 입에서 이런 말씀이 나온다. "됐다. 더 기다리지 않으마. 때가 왔다!"

1950년대 아르헨티나에서 있었던 대부흥이 바로 그것이다. 당시의 그 부흥은 남미로 퍼져 나갔고 마침내 전 세계에 영향을 미쳤다. 에드워드 밀러(Edward Miller)라는 사람은 *Cry for Me Argentina*(아르헨티나여 나를 위해 울라)라는 책을 썼는데, 그 책에 아르헨티나 대부흥의 시발점이 된 사건이 소개되어 있다. 지금은 팔십대인 밀러 박사는 사십 년도 더 전에 아르헨티나에서 사역하던 오순절 혹은 순복음 교단 선교사들 중 하나였다. 어느 날 그가 사역하던 아르헨티나 성경학교의 학생 50명이 함께 기도하기 시작했고 그곳에 성령이 임했다. 그들은 조국 아르헨티나를 위해 기도해야 한다는 부담감이 너무 커 수업도 중단해야만 했다.

이 학생들은 49일간 하루도 쉬지 않고 아르헨티나를 위해 중보기도했다. 밀러 박사에 따르면 당시 아르헨티나는 영적 불모지였다. 후안 페론(Juan Peron) 정부 치하였던 그 시기에 성령 충만한 신자들은 전국에 600명밖에 안 됐다고 한다. 밀러 박사는 그렇게 간절히 오랫동안 울며 기도하는 사람들은 그때가 처음이었다고 내게 말했다. 그 시작과 목표가 초자연적인 것이었음은 분명하다.

오늘 우리는 중보기도를 잘 모른다. 악령을 대적하며 소리치는 기도 정도로 생각하는 이들이 많다. 그러나 꼭 그런 것은 아니다. '아버지'가 임하시기만 하면 된다.

밀러 박사는 그 학생들이 날마다 울부짖었다고 말했다. 한 학생은 콘크리트 벽돌담에 머리를 대고 울었는데 네 시간이 지나자 담 위로 눈물이 줄줄 흘렀다고 한다. 여섯 시간이 지나자 그는 자기 눈물로 생긴 웅덩이 가운데 서 있었다! 이 젊은 중보기도자들은 날마다 울었다.

> 주님 앞에 울며 중보기도를 계속한 지 50일째 되던 날 예언의 말씀이 임했다. "그만 울어라. 유다 지파의 사자가 아르헨티나의 군주를 이겼다." 18개월 후, 18만 석 규모의 축구 경기장에서 벌어진 전도 치유 집회에는 사람들이 구름 떼처럼 모여들었다.

밀러 박사는 그것을 '딴 세상의 통곡'으로밖에 표현할 수 없다고 했다. 학생들은 단순히 자신들이 저지른 죄를 회개한 것이 아니었다. 성령의 감화로 소위 '대리 회개'를 한 것이었다. 그들은 도시와 지방, 즉 아르헨티나 전국에서 다른 사람들이 저지른 죄들을 회개했다.

밀러 박사에 따르면, 주님 앞에 울며 중보기도를 계속한 지 50일째 되던 날 이러한 예언의 말씀이 임했다. "그만 울어라. 유다 지파의 사자가 아르헨티나의 군주를 이겼다." 18개월 후, 18만 석 규모의 축구 경기장에서 벌어진 전도 치유 집회에는 아르헨티나 사람들이 구름 떼처럼 모여들었다. 나라에서 제일 크다는 경기장들도 이 무리를 다 수용하지 못했다.

어쨌든 나는 밀러 박사보다 밀러 박사가 내게 해 준 말을 영영 잊지 못할 것이다. "하나님이 어느 지역에서 사탄의 통치와 지배를 거부할 사람들을 찾으신다면, 그리고 그 사람들이 겸손과 낮은 마음과 회개의 중보기도로 사탄의 지배를 거부한다면, 하나님은 그 지역을 다스리는 귀신 세력에게 퇴거 명령서를 발부하실 것이다. 그분이 그렇게 하실 때 빛과 영광이 밝아오기 시작한다."

진정 우리는 우리가 살고 있는 땅 위의 하늘이 열리도록 기도하고 있다. 귀신 세력이 무너짐으로써 하나님 영광이 임할 때 우리 지역 사람들이 그 임재 앞에 항거할 수 없도록 말이다. 그런 일이 어떻게 이루어질까? 하나님의 영광이 나타날 때 이루어진다. 지옥 문을 닫고 천국

창을 열 수 있는 '기도하는 자들'이 많이 나왔으면 좋겠다!

떨기나무 옆의 무도회

우리에게는 한 가지 문제가 있다. 예배가 좋았거나 부흥이 온 것처럼 느껴지면, 하나님을 추구하던 곳에 진만 쳐 놓은 채 물러나와 불붙은 떨기나무 주위에서 춤판을 벌이는 것이다. 떨기나무에서 일어난 일에 너무 취해서, 이집트로 돌아가 백성을 풀어 줄 생각은 하지도 못하는 것이다!

하나님은 교회에게 축복 받는 것으로 부족하다고 말씀하신다. 그분의 선물을 받고 그분의 기름부음 안에 행하는 것으로는 부족하다. 나는 더 이상 축복을 원치 않는다. 복 주시는 그분을 원한다. 나는 더 이상 은사를 원치 않는다. 은사 주시는 분을 원한다. 누군가 반문할 것이다. "하나님의 축복을 원치 않다니, 은사를 믿지 않는다는 말인가?" 그건 아니다. 다만 우리가 이 세상에 잠시 내려온 '딴 세상의 것(은사)'을 보고 감정적으로 흥분하고 도취한 나머지, 거룩한 목적을 놓치고 곁길로 샐 때가 있다는 말이다. 하나님이 갖고 계신 '선물'에 흥분하지 말라. 하나님은 우리가 그분 자체에 대해 흥분하기 원하신다.

사역 특성상 나는 출장이 잦다. 집을 떠났다가 돌아왔을 때 아이들한테 "아빠, 뭐 사왔어? 선물 사왔어?" 따위의 질문 공세를 받으면 별로 즐겁지 않다. 어린아이들이 다 그렇다는 것은 알지만 내가 진짜 원하는 것, 집 떠나 있는 동안 날마다 꿈꾸는 것은, 여섯 살 난 아이가 내 가방에 무슨 선물이 들었을지 생각하지 않고 그냥 내 무릎에 기어올라와 사랑을 나누는 순간이다. 세월이 흘러 장난감과 시시한 물건들은 쓰레기더미로 사라질 것이고, 아이들의 추억에 남는 것도 바로 그런 순간이라고 생각한다. 하나님 아버지도 똑같은 것을 바라신다. 하나님을 좇는 사람들은 하나님을 원한다! '하나님 마음에 꼭 맞는 사람'(행 13:22 참조)에게는 '하나님의 선물들' 조차도 양에 차지 않는다.

하나님을 만나고 나면 대체로 우리는 엉뚱한 것에 시선이 멎는다. 우리는 그분의 영적 '선물'을 원한다. 내가 말하는 선물이란 하나님이 우리에게 주시는 은사다. 하나님의 선물인 은사의 참된 목적과 가치를 비하하거나 깎아 내릴 생각은 없다. 하나님이 예언의 은사, 지식과 말씀의 은사, 치유의 은사 등 소중한 은사를 우리에게 주심은 그것을 사용해 사람들을 감동시키거나 세력을 행사하라는 뜻이 아니다. 은사란 그리스도의 몸을 준비시켜 세우라는 뜻으로 주신 것이다. 우리는 "아버지, 저를 만져 주시고 복 주소서"라고 말한다. 우리는 용케도 지역 교회들을 '축복 클럽'으로 바꿔 놓았다. 그러나 성경 어디를 봐도 제단은 '축복의 장소'가 아니다. 제단의 존재 목적은 한 가지다. 제단 앞에 붙들려 온 어린양에게 물어보라. 제단은 축복의 장소가 아니다. 제단은 죽음의 장소다. 그 죽음을 받아들일 수만 있다면 하나님의 얼굴을 볼 수 있으리라.

내가 말하는 죽음이란 죽음에 상응하는 신약성경의 개념, 즉 회개, 깨어짐, 주님 앞에서의 겸손이다. 우리는 하나님 말씀을 입으로만 치켜세울 때가 너무 많다. 말로는 진리라고 하면서도 행동은 그렇지 않다. 하지만 성경이 하나님이 진심으로 하신 말씀이라면 어찌할 것인가? 죽은 자들만 그분의 얼굴을 본다는 것이 진리라면 어찌할 것인가?

우리는 본연의 모습이 아닌 것들에 너무 쉽게 만족한다. 내가 이렇게 강변하는 것은, 하나님의 임재가 놀랍게 임하고 있는 지금, 다시 한번 교회가 '타고 있는 떨기나무'의 불을 꺼뜨릴 중대한 위험에 처해 있기 때문이다. 전 세계에서 벌어지는 집회들 배후에는 더 큰 목적이 있다. 단순히 축복 받는 것이 목적은 아니다. 하나님은 우리가 살고 있는 도시 위의 하늘에 구멍을 내고자 하신다. 하나님을 모르는 사람들이 그분이 주님이시며 그들을 사랑하신다는 것을 알게 되도록 말이다. 그것이 하나님이 인간에게 찾아오시는 참 목적이다. 우리는 선물에서 눈을 떼 그 목적으로 시선을 돌려야 한다.

모세처럼 우리도 부르짖어야 한다. "주님, 감사하지만 그것만으로는 부족합니다. 우리는 그 이상을 원합니다. 그 이상을 봐야 합니다. 주님의 영광을 보기 원합니다. 주님이 계셨던 자리를 보고 싶은 것이 아닙니다. 지금 주님이 가고 계신 곳을 보고 싶습니다!"

거기가 우리가 서야 할 자리다. 우리 도시 위의 하늘 어디에 구멍을 내실지 보여 달라고 하나님께 부르짖어야 한다. 내가 찾는 것도 그것이다. 나는 그분이 가고 계신 곳을 알고 싶다. 그래야 그분이 하늘 문을 여실 지점에 나도 있을 수 있다. 장소의 선택은 하나님의 주권적 사안이다. 성냥을 당겨 떨기나무에 불을 붙이는 것은 지상 누구의 몫도 아니다. 하나님만이 그 일을 하실 수 있다. 우리가 할 일은 그 지점을 찾을 때까지 광야를 돌아다니다가, 찾거든 신발을 벗는 것이다. 거룩한 땅에 발이 닿았기 때문이다.

타는 냄새가 날 것만 같은 곳

간혹 나는 불에 그을린 듯한 냄새가 나지만 타지는 않은 잎사귀들이 있는 곳에 간다. 그럴 때면, 하나님이 모든 일의 배후에 있는 더 큰 목적을 분명하게 보여 주시려는 곳에 가까이 와 있음을 느낀다.

> 죽은 자들만이 하나님의 얼굴을 볼 수 있다. 그러므로 휘장 안에 들어갈 때 당신이 할 말은 이것이다. "나는 이제 산 사람이 아니다. 걸어 다니는 죽은 사람이다." 정말 하나님의 영광이 충만하게 나타나면 우리는 다 죽는다.

지금까지 우리가 본 것은 대부분 교회의 회복이다. 거기에 부흥이란 단어를 붙이는 것은 적절치 못하다고 본다. 부흥이란 죽었던 것들이 살아나는 것을 뜻하기 때문이다. 하나님이 하시려는 일에 맞는 용어를 나도 찾을 수가 없다. '해일'을 어떻게 묘사할 것인가? 거대한 밀물을 어떻게 표현할 것인가? 형용 못할 은혜와 힘이 수반되는 하나님의 역사를 어떻게 얘기할 것인가?

내가 갈망하고 꿈꾸는 성경의 모델은 니느웨 성이다. 그 성에서와 같이 하나님의 물결이 한 도시를 휩쓰는 것을 나는 보고 싶다. 인간의 모든 교만이 해일에 쓸려가고 나면 상한 심령의 회개만이 줄을 잇는다. 니느웨에서 일어났던 도시 차원의 금식과 회개, 나는 그런 부흥에 굶주려 있다.

그런 부흥이 나사렛에서도 일어나야 했건만 그렇지 않았다. 역사상 가장 위대한 설교자가 나신 나사렛이야말로 최적의 장소였다. 예수님은 나사렛 회당에 서서 말씀하셨다. "주의 성령이 내게 임하셨으니." 이어 예수님은 자신이 하려는 일의 목록을 읽으셨다. 병든 자를 고치고 눈먼 자를 보게 하고 포로 된 자를 자유케 하는 일… 그러나 나사렛 사람들의 불신 때문에 그분은 그런 일을 하실 수 없었다. 우리는 이 서글픈 사연에 주목할 필요가 있다. 왜냐하면 나사렛은 예수님 당시에 신앙심이 두터운 사람들이 살던 곳(Bible belt)이었기 때문이다. 나사렛은 분명 부흥이 일어나야 했던 곳이다. 물론 여기서 장소나 사람들의 외형적 모습은 기준이 될 수 없다.

나는 물건이든 사람이든 외모에는 관심 없다. 하나님의 장래 계획은 그분만이 아시다. 오늘날 수많은 그리스도인은 로스앤젤레스, 뉴욕, 디트로이트, 시카고, 휴스턴 같은 대규모 메트로폴리탄 도시를 제쳐놓는다. 그러나 당시의 니느웨는, 무수한 포르노 업체와 할리우드 영화산업의 본고장이랄 수 있는 로스앤젤레스보다도 부흥과 거리가 먼 곳이었다! 상하이, 뉴델리, 캘커타, 리우데자네이루 등은 말할 것도 없다. 이름을 대자면 한이 없다! 하지만 누군가 작동 스위치를 찾을 수만 있다면 그분의 영광이 이런 도시들에 폭포수처럼 쏟아질 것이다. 마땅히 그래야 한다. 그분이 "여호와의 영광이 온 세계에 충만할 것"(민 14:21 참조)이라 말씀하셨기에.

죽은 자들만이 하나님의 얼굴을 볼 수 있다. 그러므로 휘장 안에 들어갈 때 당신이 할 말은 이것이다. "나는 이제 산 사람이 아니다. 걸어 다니는 죽은 사람이다." 미국의 감옥에는 사형수가 사형실로 마지막 걸음을 옮기면, 복도 문을 닫기 직전에 교도소장이나 높은 교도관이 온 실내를 향해 "사형수 입장!(Dead man walking)"이라고 소리치는 관례가 있다. 한 인간이 인생 최후의 순간을 맞고 있으니 다들 조용히 예우를 갖추라는 신호다. 그 사람은 살아 있지만 불과 몇 분뿐이다. 사형실에 도착하면 그걸로 끝이다. '사형수 입장', 그것이 바로 그리스도인이 로마서 12장 1절의 "…너희 몸을 하나님이 기뻐하시는 거룩한 산 제사로 드리라"는 말씀대로 살아가는 방식이다.

구약의 대제사장은 다른 제사장들이 자기 발목에 줄을 묶는 동안 지성소를 갈라놓은 두꺼운 휘장을 바라보면서 자신의 처지가 '사형수 입장'임을 알았다. 그가 그 방에서 살아나올 수 있는 유일한 길은, 전적인 하나님의 자비와 은혜였다. 오늘 우리는 하나님의 영광에 다가

가는 그 난감한 상황을 잘 모른다. 우리는 영광에 대해 얘기하며 "여기 영광이 있다"고 말하지만 실은 없다. 기름부음이 있을 뿐이다. 하나님의 빛도 어느 정도 있을 수 있다. 하지만 정말 하나님의 영광이 충만하게 나타나면 우리는 다 죽는다. 그분의 명백한 임재 앞에 산들도 녹는데 하물며 인간의 육체야 말해 무엇하겠는가!(삿 5:5, 나 1:5 참조)

하나님의 영광에 대해 우리가 뭔가 이해하지 못한 것이 있다. 아니 어쩌면 이해할 수 없는 것이리라. 사도 바울은 "이는 아무 육체라도 하나님 앞에서 자랑하지 못하게 하심이라"(고전 1:29)고 말했다. 하나님의 영광이 임할 때 육체가 나타난다면 그것은 죽은 육체라야 한다. 그 임재 앞에 아무것도 살아남을 수 없기 때문이다. 그분의 명백한 임재 앞에 그대로 서 있을 수 있는 것은 '죽은' 육체뿐이다. 죽은 자들만이 그분의 얼굴을 볼 수 있기 때문이다.

"돌아올지 모르겠소"

매년 한번씩 이스라엘의 대제사장은 가족들에게 "돌아올지 모르겠소. 내 딴에는 하느라고 다 했지만 그래도 모르는 일이오. 내 에봇이 똑바로 됐소?" 하고 말하며 무거운 마음으로 집을 떠나야 했다. 유대인들은 부정을 삼가느라 극도로 조심했다. 대제사장은 휘장에 들어가기 전날 밤에 잠도 자면 안 됐다! 다른 제사장들이 밤새도록 그를 깨워둔 채 율법을 읽어 주었다. 자다가 혹 꿈에라도 부정케 되는 일이 없도록 하기 위해서다.

드디어 운명의 순간이 다가오면 대제사장은 희생양이나 염소의 따뜻한 피를 조심스럽게 찍어 자기 귓불에 발랐다. 엄지손가락과 엄지

발가락에도 피를 발라야 했다. 상징적으로 죽은 자의 모습을 취하는 것이다. 하나님의 영광에 다가가고도 살아남을 수 있도록 말이다. 머리끝부터 발끝까지 죽음의 피를 바르고 나면 대제사장은 심호흡을 한 뒤 인간 세상을 한번 둘러보고 발목의 끈을 재차 확인한 다음 흔들 향로를 든다. 사슬에 묶인 그 향로 바닥에는 잿불이 들어 있다. 대제사장이 거룩한 향을 한줌 집어 잿불 위에 놓으면 향긋한 냄새의 연기가 구름처럼 빽빽이 피어오른다.

대제사장은 향로를 휘장 밑으로 넣어 지성소 안에 연기가 자욱할 때까지 앞뒤로 흔든다. 그리고 나서 무거운 휘장의 아랫자락을 살짝 들어 지성소 안으로 기어 들어간다. 두려움에 떨면서, 다시 살아 나오기를 간절히 바라면서 말이다. 지성소에 들어가기에는 발보다 무릎이 좋았다.

자욱한 연막은 전능자의 타오르는 거룩함에서 제사장의 살아 있는 육체를 지켜 주는 최후의 안전장치였다. 아론의 후손인 제사장들은 하나님에 대해 우리가 오늘 재발견해야 하는 뭔가를 알았다. 그것은 하나님은 거룩하시되 인간은 그렇지 않다는 사실이다. 산 육체를 가리거나 덮지 않고 그냥 하나님 영광 앞에 나아가면 죽는다는 것을 그들은 알았다.

그래서 모든 규례를 철저하게 지켜 몸에 피를 바르고 밤새도록 율법을 읽으며 깨어 있었다 해도, 휘장 안에 들어갈 때면 시야가 완전히 가려질 만큼 연기가 자욱해야 했다. 자기들 눈에도 사물이 전혀 보이지 않는 상태, 그것이 연막이 충분한가의 기준이었다. 그 안에서 대제사장은 피를 뿌리는 일을 포함해 모든 직무를 시각이 아니라 촉각으로 수행해야 했다. 성막 위에 덮이는 구름은 대제사장이 살아서 내일을 맞을 가망성이 있음을 확인시켜 주는 신호였다(레 16장 참조).

> 대제사장은 향로를 휘장 밑으로 넣어 지성소 안에 연기가 자욱할 때까지 앞뒤로 흔든다. 그리고 나서 무거운 휘장의 아랫자락을 살짝 들어 지성소 안으로 기어 들어간다. 두려움에 떨면서, 다시 살아 나오기를 간절히 바라면서 말이다.

나는 지성소에 향연을 피운 이유가 대제사장이 하나님의 영광을 대면하지 않기 위한 것만은 아니라고 생각한다. 지성소에 연기가 가득하지 않으면 '살아 있는 육체'가 하나님의 영광의 시야에 직접 드러나기 때문이었을 것이다. 성경에 놀라운 말씀이 있다. "일곱째 인을 떼실 때에 하늘이 반시 동안쯤 고요하더니"(계 8:1).

왜 천국의 천사들이 30분간 놀라서 할 말을 잃고 서 있었을까? 계시록 7장을 보면 흰옷 입고 하나님 앞에 서 있는 성도들이 나온다. 우리의 썩을 몸이 썩지 아니함을 입고 죽을 것이 죽지 아니함을 입을 날이 언젠가 온다. 그러나 그때도 육체의 잔재는 여전히 남아 있을 것이다. 우리가 진주 문에 들어설 때 천사들은 30분간 깜짝 놀라 정적 속에 서 있을 것이다. 마치 "구원받은 무리가 저기 거룩하신 분 바로 앞에 서 있구나"라고 말하는 듯이. 살아 있는 육체가 하나님의 영광 앞에 선다는 것은 그들로서 상상할 수 없는 일이다. 그러나 가능한 일이다. 죽음과 부활의 과정을 통해 그리고 어린양의 흘리신 피로 인해 변화된 육체라면 말이다. 죽은 자들만이 하나님의 얼굴을 볼 수 있다.

멀리하시는 자비

하나님이 우리를 멀리하심은 자비 때문이다. 세대가 바뀌는 동안 그리스도인들은 약간 이상한 기도를 드려 왔다. 강단을 치면서 "하나님, 가까이 임하소서. 하나님, 가까이 임하소서"를 부르짖었다. 나는 하나님이 그 기도에 늘 응답해 오셨다고 믿는다. 하지만 그 응답에는 양면성이 있다. 그분은 우리를 향해 손짓하시면서 힘주어 말씀하신다. "어서 나를 더 가까이 불러라. 내가 가겠다. 가까이 가고 싶다." 그러나 동시에 그분은 다른 손을 내밀어 경고를 발하신다. "조심해라. 조심해라. 더 이상 가까이 오려거든 모든 것이 죽었는지 확인해라. 정말 나를 알고자 한다면 모든 것이 죽어야 한다."

왜 하나님은 죽음을 좋아하신 것일까? 제물의 털과 가죽이 타는 고약한 냄새가 뭐 그리 좋다고, 천국을 떠나 번제의 자리로 오신 것일까? 죽음에는 하나님의 마음을 끄는 뭔가가 있다. 교회사의 모든 부흥에는 죽음이 있었다! 초창기 때 아주사 거리의 집회에도 죽음이 있었고, 제1차, 제2차 대각성 때도 죽음이 있었다. 아주사 부흥의 오순절 선구자 프랭크 바틀맨(Frank Bartleman;1871-1935)은 "부흥의 높이는 회개의 깊이로 결정된다"고 말했다.

죽음의 냄새가 많이 날수록 하나님은 그만큼 가까이 오실 수 있다. 제물 타는 냄새는, 하나님이 그 백성을 죄로 인해 치시지 않으면서도 한순간 가까이 오실 수 있다는 신호와 같다. 언제나 그분의 최종 목표는 자신의 최고 피조물인 인류와의 재회요 친밀한 연합이다. 그러나 죄 때문에 그것은 죽음의 사건이 되었다. 하나님은 살아 있는 육체 옆에 다가오실 수 없다. 세상의 악취가 풍기기 때문이다. 그분이 가까이 오시려면 육체가 죽어야 한다. 그래서 우리가 하나님께 가까이 임하시기를 간구하면 그분은 오시긴 오시되 이렇게 말씀하신다. "정말 더는 가까이 갈 수 없다. 내가 가면 네 육체가 끝장나기 때문이다. 잘 알아 듣거라. 네가 깨끗이 죽는다면 나도 너한테 가까이 갈 수 있다."

하나님의 명백한 임재가 회개와 상한 심령(죽음에 상응하는 신약성경의 개념)을 통해 그토록 가까워지는 것도 그 때문이다. 하지만 우리는 죽음의 냄새가 싫어 회개를 피하려 한다. 가죽과 털이 타는 지독한 악취를 맡아 본 사람이라면, 왜 그 냄새를 싫어하는지 이해할 것이다. 그러나 인간에게는 매력 없고 싫은 냄새라 해도 하나님의 마음은 강하게 끌린다. 죽음이야말로 그분이 사랑하는 이들에게 다시 한번 가까이 오실 수 있는 신호인 까닭이다.

하나님이 좋아하시는 것들과 우리가 좋아하는 것들은 거의 언제나 별개다. 언젠가 사역 중에 주님이 내게 말씀하셨다. "아들아, 내가 좋아하는 예배와 네가 좋아하는 예배는 같지 않다." 나는 우리가 인간의 비위에 맞춰 예배 순서를 정할 때가 너무 많다는 사실을 비로소 깨달았다. 우리는 가려운 데를 긁어 주는 쪽으로 예배를 꾸미며 사람들의 '흥미 지수'를 높이기 원한다. 불행히도 이런 집회는 홀로 찬양과 경배를 받기에 합당하신 분께 우리의 희생적 사랑을 쏟아 붓는 것과는 거리가 멀다.

하나님은 만민이 모여 오락을 즐기는 것보다는, 진정 당신을 사랑하는 소수의 사람들과 잠시나마 함께 있기 원하신다. 그러나 우리는 하나님을 위한 파티를 개최해 놓고 그분은 깡그리 무시한 채 우리끼리 선물을 교환한다! '자기를 죽인다'는 데는 뭔가 특별한 것이 있다. 우리는 그것이 별로 달갑지 않을 수도 있다. 아무 유익도 없고 좋아 보이지 않을 수 있다. 그러나 하나님께는 정말 요긴한 것이다. 등골이 오싹한 성령의 충격을 기대하고 이 책을 집어들었다면 실망할 것이다. 하지만 교회의 예배와 일하는 방식에 개혁이 필요함을 절감하며 이 책을 폈다면 실망하지 않을 것이다. 시편 103편 1절은 "주여, 내 영혼을 축복하소서"가 아니라 "내 영혼아, 여호와를 송축하라(bless)"고 돼 있다. 하나님은 매번 주머니를 털어 축복을 내려 주는 데 지치셨다. 하나님은 우리가 그분과 얼굴을 맞대고 즐거이 교제하기 원하신다. 그러나 오직 죽은 자들만이 그분을 뵐 만큼 가까이 갈 수 있다.

가까이 올래야 올 수 없는 분

우리들 대부분은 하나님의 구원의 옷자락을 대충 붙든 채, 타락한 삶이나 육신의 야망을 지키는 것에 만족한다. '내 것'에 매달린다는 것은, 하나님이 휘장 밑으로 손을 내밀어 떨구시는 물품 정도로 근근이 살아가겠다는 뜻이다. 그것은 영적 기근을 면할 정도밖에 안 된다. 하나님은 더 이상 가까이 올래야 오실 수 없다. 우리가 그토록 자랑하는 육체가 다 죽기 때문이다. 선택은 우리한테 있다.

하나님은 기꺼이 발목에 끈을 묶으며 이렇게 말하는 자를 찾으신다. "죽으면 죽으리라. 하지만 나는 왕을 보리라. 휘장 안에 들어가기 위해 내 혼신의 힘을 다하리라. 피를 바르리라. 회개하리라. 내가 할 수 있는 일이라면 뭐든 하리라. '그분에 대해' 아는 데 지쳤기 때문이다. 나는 '그분을' 알고 싶다. 그분의 얼굴을 봐야만 한다."

당신이 누구고 무엇을 했으며 따르는 종교적 전통이 무엇이든 휘장 안에 들어가는 유일한 길은 육체가 죽는 것이다. 하나님 앞에 상한 심령으로 나아가 진정 회개하여 죽을 때 그분은 우리 곁에 가까이 오실 수 있다. 사도 바울은 말했다. "우리가 이제는 거울로 보는 것같이 희미하나 그때에는 얼굴과 얼굴을 대하여 볼 것이요 이제는 내가 부분적으로 아나 그때에는 주께서 나를 아신 것같이 내가 온전히 알리라" (고전 13:12). 그때 우리는 하나님이 어떤 분이신지 온전히 알게 된다.

> 당신은 죽음을 피하고 있는가? 당신 삶에 하나님의 축복이 있길 원하는가? 최대의 축복은 하나님의 손에서 나오지 않는다. 친밀한 관계 속에, 그분의 얼굴에서 나온다. 마침내 그분을 뵙고 알게 될 때 당신은 모든 권능의 근원에 이를 것이다.

우리가 누구인지 그분이 온전히 아시는 것처럼 말이다.

사도 요한은 그리스도를 믿는다는 이유로 밧모라는 섬에 유배됐다. 하지만 거기에는 더 깊은 이유가 있다고 나는 믿는다. '사형수 입장'으로 불모의 섬에 버림받은 후에야 요한은 성자 예수 그리스도의 음성을 듣고 얼굴을 볼 수 있었다. 우리는 다 자신이 하나님을 안다고 생각하며 교회의 일원이라 생각한다. 그러나 요한을 자세히 살펴볼 필요가 있다. 이 사도는 예수님의 가슴에 기대어 누웠던 자다. 가장 가까운 제자였다. 요한은 예수님이 곤한 잠에서 깨어나 갈릴리 바다의 풍랑을 잠잠케 하시던 모습을 보았다. 예수님이 장례식 행렬을 멈추게 하신 뒤 죽은 아들을 그 어머니가 보는 앞에서 살려내시던 장면도 보았다. 바로 그 사도가, 몸을 돌이켜 베일을 벗은 영광의 그분을 밧모 섬에서 처음으로 보았다.

요한은 주님의 머리와 털이 양털 같이 희고 눈은 불꽃같고 발은 단련한 주석 같다고 말했다. 성경은 그때 요한이 주님의 발 앞에 엎드러져 죽은 자같이 됐다고 말한다(계 1:17 참조). 3년 동안 예수님을 이미 알았던 요한이 왜 그래야 했을까? 환상으로 예수님을 뵙던 순간 요한은 죽음을 맛보았다. 생명을 봤기 때문이다. 그분을 정말 보려면 죽어야 한다. 이것만은 말할 수 있다. "오늘이야말로 죽기 좋은 날이다." 내가 죽을수록 그분이 가까이 오신다. 세례 요한도 그 비밀을 알았다. 예수님은 "여자가 낳은 자 중에 세례 요한보다 큰 이가 일어남이 없도다"(마 11:11)라고 말씀하셨다. 왜일까? 요한은 모든 참된 사역과 섬김과 예배의 기반이 되는 진리를 은혜로 깨달았다. 그것은 사람들이 잘 모르는 진리다.

"그분은 흥하여야 하겠고 나는 쇠하여야 하리라"(요 3:30). 내가 쇠하면 그분이 흥하실 수 있다. 내가 줄어들면 그분이 많아진다. 세례 요한은 모든 은사와 능력의 참 근원이신 분을 인정할 만큼 지혜가 있었다. 그는 "만일 하늘에서 주신 바 아니면 사람이 아무것도 받을 수 없느니라"(요 3:27)고 말했다. 근본적으로 내가 줄어들면 그분이 많아질 여지가 생긴다. 내가 더 많이 죽을수록 그분이 가까이 오실 수 있다. 그렇게 어디까지 갈 수 있을까? 나도 모르지만 물어볼 사람의 이름을 댈 수는 있다. 에녹, 에녹에게 물어보라. 그는 우리가 하나님과 동행할 수 있음을 보여 준 사람이다. 그러나 그 과정에서 우리는 '죽어 갈' 것이다.

성경은 말한다. "또 여러 형제가 어린양의 피와 자기의 증거하는 말을 인하여 저를 이기었으니 그들은 죽기까지 자기 생명을 아끼지 아니하였도다"(계 12:11). 당신은 죽음을 피하고 있는가? 당신 삶에 하나님의 축복이 있길 원하는가? 최대의 축복은 하나님의 손에서 나오지 않는다. 친밀한 관계 속에, 그분의 얼굴에서 나온다. 마침내 그분을 뵙고 알게 될 때 당신은 모든 권능의 근원에 이를 것이다.

값싼 축복이 아니다

하나님 영광의 임재 앞에 모든 육체가 죽어야 함은 사실이다. 그러나 성령으로 난 모든 것이 그분의 영광 안에 영원히 산다는 것도 사실이다. 그러므로 진정 살기 원하는 우리의 영혼은 영원히 살 수 있다. 단 먼저 우리 육체가 죽어야 한다. 우리의 육신은 하나님의 영광을 가로막는다. 따라서 이 글을 읽는 순간에도 우리는 육체와 영혼간의 끝없는 씨름에 갇혀 있기 쉽다. 지금은 담대히 그분께 나가 "주님, 주님의 영광을 보기 원합니다"라고 말할 때다. 모세의 하나님은 우리에게도 기꺼이 자신을 보여 주신다. 그러나 그것은 값싼 축복이 아니다. 우리는 단에 누워 죽어야 한다. 우리가 기꺼이 죽는 만큼만 그분은 우리에게 가까이 오실 수 있다.

주변 사람들을 잊고 '정상 원칙'을 버려야 한다. 하나님은 어차피 우리가 말하는 '교회'의 정의를 바꾸시는 중이다. 하나님은 그분의 마음을 열심히 좇는 자들을 찾으신다. 하나님은 자신의 손만 바라는 것이 아니라, 자신의 마음에 꼭 맞는(행 13:22 참조) 예를 들면 다윗 같은 사람들로 이루어진 교회를 원하신다. 우리는 그분의 축복을 구하며 선물을 가지고 놀 수도 있지만 반대로 이렇게 고백할 수도 있다. "아닙니다, 아버지. 저는 그저 축복만 원하는 것이 아닙니다. 주님을 원합니다. 주님께서 제게 가까이 오시기 원합니다. 주님께서 제 눈을 만지시고 마음을 만지시고 귀를 만지셔서 저를 변화시키시길 원합니다, 주님. 저는 지금의 제 모습에 지쳤습니다. 제가 변화될 수 있다면 우리가 사는 지역들도 변화될 수 있기 때문입니다."

우리는 돌파구를 위해 기도해야 한다. 그러나 우리 자신이 깨고 나가지 않는 한 돌파구를 위해 기도할 수 없다. 돌파구란 마음이 깨어져 자신의 야망을 좇지 않고 하나님의 뜻을 좇는 자들에게만 보이는 법이다. 우리는 예수님이 예루살렘을 위해 우신 것처럼 우리의 도성을 위해 울어야 한다. 우리에게는 주님이 주시는 돌파구가 필요하다.

하나님의 손이 당신의 심령을 빚으려 하실 때 성령을 거역하지 말

라. 당신 영혼의 토기장이는 그저 당신을 '무르게' 하려는 중이다. 그분은 천국의 태풍이 없어도 그분의 임재를 감지할 수 있을 만큼 당신이 민감해지길 원하신다. 천국의 잔잔한 미풍, 그분 임재의 가느다란 산들바람에도 당신의 심령이 춤추며 "그분이시다!" 하고 말할 수 있을 만큼 당신이 민감해지길 원하신다.

우리는 예배를 하나님의 취향이 아닌 인간의 비위에 맞춰 기획한 것에 대해 회개해야 한다. 하나님이 우리 예배에서 '죽음'을 찾고 계실 때 대다수 사람들처럼 우리는 '생명'을 원했다! 우리가 하나님의 임재에 들어가 그분을 가까이하고도 살아남을 수 있는 유일한 길은, 회개와 상한 심령을 통한 '죽음'이다.

이쯤 되면 아주 불편해하는 사람들이 있다. 연기 냄새가 조금씩 풍기기 때문이다. 공중에서 육체의 탄내가 날 수 있다. 우리한테는 좋은 냄새가 아닐지 모르나 하나님의 마음은 이러한 회개에 끌리신다. 성경은 "죄인 하나가 회개하면 하나님의 사자들 앞에 기쁨이 되느니라"(눅 15:10)고 말한다. 지상의 죽음과 회개는 천상에 기쁨을 낳는다.

당신의 지역 사회에 부흥이 일어나려면 당신의 교회에서부터 시작돼야 한다. 당신이 부흥에 갈급한 자라면 여기 주님이 주시는 말씀이 있다. 불은 빈 제단에 내리지 않는다. 불이 내리려면 제단에 제물이 있어야 한다. 하나님의 불을 원한다면 당신이 하나님의 땔감이 돼야 하지 않겠는가? 예수님은 우리를 구원하시고자 친히 제물이 되셨다. 당신을 따르려는 모든 사람에게 그분은 무엇을 명하셨던가? 목숨을 버리고 자기 십자가를 지고 그분을 좇으라는 것이었다(눅 9:23 참조).

'십자가'라는 뜻의 헬라어 '스타우로스(stauros)'는 '비유적으로 죽

---

1. James Strong, *Strong's Exhaustive Concordance of the Bible* (Peabody, MA: Hendrickson Publishers, 연대 미상), cross (#G4716)

음에의 노출 즉 자아의 부인'¹을 말한다. 엘리야는 제단에 땔감과 합당한 제물을 쌓은 후에야 하나님의 불이 내리기를 구했다. 우리는 늘 불을 내려 주시기를 기도하지만 제단에는 아무것도 없다!

당신의 교회에 불이 내리기를 간절히 바란다면 제단 위로 기어올라가 이렇게 말하라. "하나님, 어떤 대가가 따라도 좋습니다. 제단 위에 저를 올려놓습니다. 주님, 주님의 불로 저를 불사르소서." 그럴 때 우리는 존 웨슬리의 뒤를 이을 수 있다. 그는 제1차 대각성 기간 중 그토록 엄청난 군중이 모인 이유를 이렇게 설명했다. "내가 불에 올라가면 사람들은 내가 타는 것을 보려고 모인다."

하나님 임재의 원리 4

'나'를 죽인다

육체가 죽어야 그분이 가까이 오실 수 있다.
그분이 가까이 오시면 우리 육체는 죽는다.
죽음은 오직 회개와 상한 심령으로 가능하다.
나를 제단에 올려놓고 불사르라.

5 임재로 들어가라

하나님은 직접 만나 친밀하게 교제하길 원하신다

　나는 차라리 파티에서 술 마시고 흥청망청 떠드는 사람들이나 그런 모습을 좋아한다. 그들은 종교적 수작을 부리지 않기 때문이다. 그들은 자기들이 누구인지 스스로 잘 안다. 내가 불쾌하게 여기는 사람들은 겉 다르고 속 다르게 수작을 부리는 자들이다! 술집이나 나이트클럽을 지날 때마다 거의 항상 내 머리 속을 스치는 엉뚱한 생각이 있다. '주님, 여기라고 안 될 것 뭐 있습니까? 왜 바로 여기로 임하시지 않습니까?'

　나는 부흥을 '하나님의 영광이 교회 벽을 뚫고 나와 도시의 거리거리로 흘러가는 것'이라고 정의한다. 하나님이 금요일 밤 상점가에 침투하시는 것, 그것이 역사적 부흥에 걸맞는 현대의 부흥이 될 것이다. 나는, 쇼핑 중에 죄를 깨닫고 우는 사람들 때문에 상가조합회에서 부득불 사목을 채용하는 모습을 보고 싶다. 시내를 지나다 죄를 깨닫고 쓰러지는 사람들 때문에 시 차원에서 자원봉사 사역자를 요청하는 모습을 보고 싶다. '주여, 그날이 속히 오게 하소서!' 하고 기도한다.

　하나님은 그분의 임재에 대한 애끓는 갈증을 일으켜 오셨다. 그래서 '주의 날'이 오면(이건 그 백성이 그분의 임재를 구한다는 전제 하에 가능하다), 기존 교회들은 구원받기 원하는 영혼들의 폭발적인 요청을 소화하지 못할 것이다. 현대 교회는 기껏해야 관리 기관 내지 유지 기관이고 심하게 말하면 지나간 역사의 박물관에 지나지 않는다. 우리의 최대 문제는 엉뚱한 물건으로 '진열장을 쟁였다'는 것이다. 굶주린 자들에게 우리는 구석 선반에 놓여 있던 먼지투성이의 싱거운 종교 의식을 내놓는다.

제정신인 사람치고 진정 그것에 굶주린 자는 아무도 없다! 공허한 종교 의식은 '파란색 으깬 감자'와 같은 괴상한 음식만큼이나 식욕을 돋우지 못한다. 창고를 열어 예수님을 내줄 사람만 있다면 굶주린 무리가 대거 몰려들 것이다. 우리가 예배에 제대로 된 물건을 쌓아놓지 못하는 이유는, 그것이 값싸게 얻을 수 있는 것이 아니기 때문이다.

오늘날 교회는 광야 횡단 여행의 절반 지점까지 왔다. 우리는 지금 출애굽기의 이스라엘 백성들처럼 시내산 밑에 진을 쳤다. 결단을 내려야 할 지점까지 온 것은 분명하다. 여기서 우리는 들어갈 것인가, 달아날 것인가?

모세가 하나님 앞에 올라가니 여호와께서 산에서 그를 불러 가라사대 너는 이같이 야곱 족속에게 이르고 이스라엘 자손에게 고하라 나의 애굽 사람에게 어떻게 행하였음과 내가 어떻게 독수리 날개로 너희를 업어 내게로 인도하였음을 너희가 보았느니라 세계가 다 내게 속하였나니 너희가 내 말을 잘 듣고 내 언약을 지키면 너희는 열국 중에서 내 소유가 되겠고 너희가 내게 대하여 제사장 나라가 되며 거룩한 백성이 되리라 너는 이 말을 이스라엘 자손에게 고할지니라 (출 19:3-6).

이것은 구약 속에 담긴 신약의 언어다. 새로운 차원의 친밀함으로

도약할 수 있는 선택권이 그들에게 주어졌다(벧전 2:9 참조).

결단의 지점에 이른 우리

우리는 불붙은 떨기나무로 만족하면서 초자연적 신과의 첫 만남에 흥겨워할 수 있다. 하나님이 새겨 주신 '계시와 지혜의 판' 그리고 그분이 행하신 모든 일로 만족할 수 있다. 그러나 지금 우리는 결단의 산 밑, 그 유명한 갈림길에 이르렀다.

하나님은 우리를 죄와 세상에서 끌어내셨다. 그분은 우리로 한 백성을 이루기 시작하셨다. 그것이 광야 여행의 취지였다. 하나님은 '백성이 아닌' 자들로 백성을 만들고 계셨다.

베드로는 말했다. "너희가 전에는 백성이 아니더니 이제는 하나님의 백성이요 전에는 긍휼을 얻지 못하였더니 이제는 긍휼을 얻은 자더라"(벧전 2:10). 하나님은 교육도 받지 못하고 자존감도 낮던 노예들과 비천한 종들을 취하여 그들 안에 당신 자신의 성품을 심으시고 그들 위에 당신의 이름을 두셨다. 그분은 그들을 이집트에서 끌어내 "내가 너희로 한 백성을 만들겠다"고 말씀하셨다. 글자 그대로 그분은 신부를 가꾸시는 중이었다.

주님은 아브라함의 후손을 시내산 밑으로 데려오셨지만 그것은 쉬운 일이 아니었다. 거대한 무리의 백성에게 음식이 필요했을 때 하나님은 그들이 자신의 얼굴을 구하기 원하셨다. 그러나 그들은 모세를 비방하며 오히려 노예의 나라인 이집트에 있을 때가 좋았다고 말했다. 그럼에도 모세는 기도했고 하나님은 메추라기와 만나를 공급하셨다. 물이 없을 때도 똑같은 일이 벌어졌다. 하나님께 구하거나 그분의

> 그들은 번개를 보고 천둥 소리를 듣고는 두려워 뒷걸음질쳤다. 모세처럼 그분을 구한 것이 아니라 그분의 임재에서 달아난 것이다. 그들은 그날 '거룩한 친밀함'을 회피하였고 결국 자신들이나 자녀 세대 모두 약속의 땅에 들어가지 못하고 죽었다.

풍성한 공급을 믿기는커녕 그들은 즉각 모세를 몰아세우며 불평하고 '옛날이 좋았다'고 떠들었다.

   하나님께는 이스라엘 백성에게 주실 좋은 것들이 있었다. 그러나 그분은 이제 이런 생각이 드실 판이었다. "저들이 이 산만이라도 무사히 지난다면 끝까지 데려갈 희망이 있으련만."

   출애굽기의 서글프고 안타까운 진실은, 하나님이 시내산으로 인도하신 백성과 나중에 요단강을 건너 약속의 땅에 들어가게 하신 백성이 서로 달랐다는 것이다. 산에서 사건이 벌어졌다. 하나님은 그들을 불러 그들 역사상 처음으로 나라를 만드셨다. 그분은 그들을 약속의 땅으로 부르셨다. 그곳은 축복의 장소요 변화의 장소였지만 그들은 그곳에 갈 생각이 없었다.

   이 '장소'가 단지 지도상의 물리적 지점이라는 착각에 빠져서는 안 된다. 물리적 의미라면 그들은 이미 광야를 가로지르고 있었다. 약속의 땅이 그 여행의 일부이긴 했지만 그렇다고 자갈밭 부동산이 축복의 본질은 아니었다. 하나님은 그들을 그분 안의 약속의 장소로 부르셨다. 그분은 그들을 당시 지구상 어느 민족에게도 부여되지 않은 창조주와의 친밀함의 자리, 언약의 자리로 부르셨다. 그것이 은밀한 자리의 비밀이다. 우리는 '제사장 나라'의 개념을 유독 신약적 내지 기독교적 개념으로 생각한다. 그러나 그것은 이스라엘을 향한 하나님의 본래 계획이기도 했다!

여호와께서 모세에게 이르시되 너는 백성에게로 가서 오늘과 내일 그들을 성결케 하며 그들로 옷을 빨고 예비하여 제 삼일을 기다리게 하라 이는 제 삼일에 나 여호와가 온 백성의 목전에 시내산에 강림할 것임이니…나팔을 길게 불거든 산 앞에 이를 것이니라 하라(출 19:10-11,13).

산 주변에 모였던 이스라엘 첫 세대는 나중에 겁쟁이 정탐꾼들의 말을 믿고 두려워 약속의 땅을 피한다. 그러나 그들이 실패한 진짜 이유는 바로 그곳, 시내산 밑에서 찾을 수 있다. 하나님은 모든 이스라엘 백성이 산에 올라 자신에게 가까이 오기를 원하셨다. 그러나 그들은 불편해했다.

뭇 백성이 우뢰와 번개와 나팔 소리와 산의 연기를 본지라 그들이 볼 때에 떨며 멀리 서서 모세에게 이르되 당신이 우리에게 말씀하소서 우리가 들으리이다 하나님이 우리에게 말씀하시지 말게 하소서 우리가 죽을까 하나이다 모세가 백성에게 이르되 두려워 말라 하나님이 강림하심은 너희를 시험하고 너희로 경외하여 범죄치 않게 하려 하심이니라 백성은 멀리 섰고 모세는 하나님의 계신 암흑으로 가까이 가니라(출 20:18-21).

그들은 번개를 보고 천둥 소리를 듣고는 두려워 뒷걸음질쳤다. 모세처럼 그분을 구한 것이 아니라 그분의 임재에서 달아난 것이다. 그들은 하나님이 택하신 리더십 스타일이 마음에 안 들었다. 그리하여 그들은 그날 '거룩한 친밀함'을 회피하였고 결국 자신들이나 자녀 세대 모두 약속의 땅에 들어가지 못하고 죽었다. 그들은 '친밀한 관계' 보다 '거리를 둔 공경'을 선호했던 것이다.

이스라엘 첫 세대가 광야에서 죽는 것은 하나님의 본래 계획이 아니었다. 그분은 노예의 땅에서 이끌어내신 바로 그 백성을 그대로 약속의 땅으로 데리고 들어가기 원하셨다. 그분은 노예 출신의 백성에게 그들만의 새 나라, 땅과 유업을 주기 원하셨다. 그러나 그들은 두려움과 불신 때문에 그것을 얻지 못했다. 요단강 건너 약속의 땅을 바라보며 뒷걸음질쳤을 때 그들의 운명은 결정되었지만, 사실 그것은 시내 산 구름 속에 거하시는 하나님의 임재를 피하는 순간 시작됐다. 거기서 그들은 하나님과 거리를 두며 모세에게 중재를 요구했다. 역대 교회도 똑같은 문제로 고생해 왔다. 우리는 대개 하나님과 우리 사이에 중재자가 끼기를 원한다. 우리는 하나님과의 거룩한 친밀함에 대해 지옥에서 비롯된 육신적 두려움이 있다. 이 두려움의 뿌리는 에덴동산으로 거슬러 올라간다. 하나님은 친근한 교제를 원하셨건만 아담과 하와는 부끄럽고 두려워 숨었다.

달아날 것인가 들어갈 것인가

이제 당신의 지역 교회를 잘 보라. 회중 가운데는 '처음부터' 있었던 사람들도 분명 있을 것이고, 몇 달 후나 몇 년 후에 온 사람들도 있다. 지금 막 온 새 신자나 나온 지 얼마 안되는 사람들도 있다. 하나님은 오늘 그들 모두를 산으로 데려오셨다. '백성이 아니던' 자들이 백성이 되었다. 하나님은 우리 모두를 죄의 노예 상태에서 건져 주셨다. 불행한 결혼 생활에서 건짐 받은 사람들도 있고, 알코올 중독이나 기타 만성적 약물 문제의 굴레에서 헤어난 사람들도 있다. 우리는 무직과 빈곤과 만성 우울증 등 일일이 열거할 수 없는 수많은 지옥 구덩이에서 건짐 받았다. 마침내 우리 모두는 그분의 산 밑에 이르러, 더 가까이 오라는 그분의 음성을 듣고 있다. 이제 우리 앞에는 수천 년 전 이스라엘 자손이 받았던 것과 똑같은 도전이 놓여 있다. 달아날 것인가, 들어갈 것인가? 여기서 들어간다는 것은 어디로 들어간다는 뜻인가? 그분의 임재 안으로 들어간다는 말이다!

오늘날 교회에는 기대와 흥분의 분위기가 있다. 당신도 나처럼 '이제 멀지 않았다'는 기분이 들 것이다. 일부 학자들에 따르면 이스라엘이 시내산 밑에 왔을 때 약속의 땅까지는 불과 며칠 거리밖에 안 됐다고 한다. 그들이 지체된 유일한 이유는 하나님 안으로 밀치고 들어갈 마음이 없었기 때문이다. 친밀함에 대한 두려움은 적에 대한 두려움의 씨앗이 됐다. 오늘날 대다수 교회들도 동일하다고 할 수 있다. 나는 지금 우리가 중대한 기로에 서 있다는 느낌이 강하게 든다.

한편 우리는 "여기서 돌아서기에는 이미 너무 멀리까지 왔다"고 말할 수 있다. 그러나 거꾸로 돌리면 그것은 "우리는 정말 피곤하다. 잠시 여기 앉아 쉬었으면 좋겠다"는 말일 수 있다. 진짜 문제는 하나님이 뭐라고 말씀하시느냐는 것이다. 내가 믿기로 그분은 우리가 현재 우리의 처한 자리를 파악하기 원하신다. 하나님은 우리가 그분께 다가서서 오늘 우리에게 주시려는 모든 것을 받기 원하신다. 지금부터 우리는 다음 둘 중 하나를 하게 될 것이다.

첫째, 어떤 대가가 따를지라도 그분과의 관계에서 점점 자라간다.

둘째, 왔던 곳으로 돌이킨다. '선한 사람들'이 할 만한 모든 '선한' 일을 하면서 조직과 부서에 소속되어 프로그램과 집회 위주의 교인이 된다. 그럼으로써 언젠가 이 시기를 애틋하게 회상하며 '그때가 좋았다'고 말하는 자가 된다.

> 그들이 지체된 유일한 이유는 하나님 안으로 밀치고 들어갈 마음이 없었기 때문이다. 친밀함에 대한 두려움은 적에 대한 두려움의 씨앗이 됐다. 그들은 '친밀한 관계'보다 '거리를 둔 공경'을 선호했던 것이다. 오늘날 대다수 교회들도 동일하다고 할 수 있다.

나는 언젠가 나이 들어 후회하는 심정으로 과거를 돌아보며 '그때가 좋았다'고 말하는 자가 되고 싶지 않다. 하나님과 함께라면 언제나 현재 시제에 살 수 있음을 깨달았는데 그럴 이유가 뭐 있겠는가? 나는 그분이 매일 나를 위해 예비하신 것을 새롭게 받으며 살 수 있다. 오늘 담대히 하나님을 따른다면 언젠가 우리는 과거를 돌아보며 이렇게 말할 수 있을 것이다. "그때가 기억난다. 하지만 그때는 그분 임재의 위대한 부흥이 있기 전이었다."

솔직히 우리의 미래는 이 결단의 시점에 선 우리의 관점에 달려 있다. 우리의 관점이 "이 정도면 잘 해왔지"라면 우리는 필경 그 선을 벗어나지 못할 것이다. 그러나 우리의 고백이 "감사합니다, 주님. 하지만 나머지는 어디 있습니까? 뭔가가 더 있어야 합니다! 제게 주님의 영광을 보여 주소서!"가 된다면 우리의 미래는 완전히 달라질 것이다.

사탄의 가장 성공적 술수는 우리로 엉뚱한 결승선을 향해 뛰게 하는 것이다. 또 사탄은 우리가 중도에 멈춰서 '다 왔다!'고 생각하게 만들려고 부산히 몸을 놀린다. 우리가 넘어지거나 길가로 비켜났다가 막판에야 결승선이 저 앞에 있음을 알게 될 때 사탄은 그 모습을 보고 쾌재를 부른다. 그것을 잘 알았던 사도 바울은 "나는 뒤에 있는 일은 잊어버리고 푯대를 향해 달려간다"(빌 3:13-14 참조)고 말했다.

우리는 시내산 사건에서 배워야 한다. 바로 거기서 이스라엘 백성은 하나님이 모세에게 주신 식양에 따라 성막을 지었다. 하나님이 모세에게 십계명이라는 위대한 율법 계시를 주신 곳도 시내산이었다. 그러나 그곳에서는 중요한 나쁜 일들도 똑같이 벌어졌다. 금송아지 우상을 만든 곳도 거기였다.

무엇보다 하나님이 시내산에서 계시하신 것은 이제부터 그 백성을 친히, 직접, 상대하시고 싶다는 것이었다. 그날이 오기 전까지는 모세가 하나님의 모든 말씀을 이스라엘에게 전달했다. 그러나 이제 전환기가 왔다. 그 시기를 맞아 하나님은 말씀하셨다. "좋다. 이제 자랄 때다. 지금부터 나는 거룩한 제사장 나라로서의 너희들 전체와 직접 말하고 싶다. 더는 중재자를 두고 싶지 않다. 나는 모세를 사랑한다. 하지만 반드시 모세를 통해 너희에게 말하고 싶지는 않다. 내 나라, 내 백성으로서 너희를 직접 상대하고 싶다."

푹신한 회중석의 젖먹이 아기들

불행히도 이스라엘 백성은 오늘날 많은 그리스도인들과 동일한 문제를 안고 있었다. 우리는 기름부음에 즉 훌륭한 설교와 교육으로 전달되는 말씀에 중독됐다. 우리 중에는 온도가 자동 조절되는 건물의 푹신한 회중석에 가만히 앉아 있으려 하는 '젖먹이 아기들'이 너무 많다. 다른 누군가가 미리 씹어 반쯤 소화된 하나님 말씀을 다시 토해 내 우리 입에 넣어 주고 있다. 우리는 다루기 '너무 벅찬' 메시지로 '영적 소화불량'에 걸릴까 봐 겁낸다. 거의 쓰지 않아 약해져 버린 위(胃)로 벅찬 진리를 소화할 수 없게 된 것이다!

해답은, 중재자 없이 직접 하나님을 애타게 갈급해하는 것이다. 우리는 이렇게 기도할 필요가 있다. "하나님, 남들은 다 주님 말씀을 들고 있지만 이제 저는 거기에 지쳤습니다! 제 기도 골방의 열쇠는 어디 있습니까? 주님의 말씀을 제가 직접 들을 때까지 문을 걸어 잠그겠습니다!"

우리는 말씀 읽는 것을 매우 중시한다. 중요한 일이다. 그러나 기억할 것이 있다. 초대 교회는 꽤 오랜 동안 우리가 말하는 신약성경을 접할 수 없었다. 구약성경의 값비싼 사본들도 회당에 보관돼 있었기 때문에 그들은 그것마저 없었다. 그들에게 있던 유일한 말씀은 할머니 할아버지로부터 구전돼 내려온 율법과 시편과 선지서의 몇몇 구절들뿐이었으며 그것도 유대인 신자들의 경우에나 해당되는 얘기였다. 그렇다면 그들에게 있었던 것은 무엇인가? 그들은 더할 나위 없이 친밀하게 그분과 대화하며 살았다. 그래서 굳이 먼 옛날에 기록된 먼지 쌓인 연애편지에 매달리지 않아도 되었다. 그들 마음속에는 하나님의 사랑의 메시지가 날마다 새로 찍히고 있었다.[1]

성령이 말씀하신다. "봐라. 내가 너희를 죄에서 건져냈고 너희 옷이 해어지지 않으니 놀라운 일이다. 너희는 적잖은 축복 속에 살고 있다. 날마다 구름과 불 속에 내 임재가 나타나고 있다. 훌륭한 지도자가 있다는 것도 안다. 하지만 내가 정말 원하는 것은 이것이다. 나는 너희를 키우고 싶다. 새로운 차원의 친밀함으로 가까이 끌어들이고 싶다."

단지 사람들이 부흥을 구한다고 해서 참된 부흥이 일어난 적은 한 번도 없다. 부흥은 사람들이 하나님을 구할 때 태동했다. 우리는 교만

---

1. 서둘러 덧붙여 둘 말이 있다. 나는 성경이 필요 없거나 현실과 무관하거나 '기름부음 받은 정확무오한 하나님의 말씀' 이하라는 의미로 이런 말을 하는 것이 절대 아니다. 여기 내 취지는 성경을 영원히 과거시제의 관점에서 읽는 그리스도인들의 관행, "하나님이 그때 그 사람들한테 하신 일은 이렇다. 오늘 우리한테는 그렇게 하시지 않으니 안타까운 일이다" 하고 말하는 모습을 지적하는 것이다. 하나님의 말씀은 그보다 더 큰 것 즉 '말씀의 하나님' 께 이르는 약도다. 때로 우리는 거의 우상 숭배에 빠질 정도로 말씀의 하나님보다 하나님의 말씀을 더 숭배하는 경향이 있다는 것이 내 생각이다.

한 생각으로 "좋다, 부흥회를 열자"고 말한다. 태풍을 일으키자는 말인들 할 수 없으랴! 우리가 열 수 있는 것이라면 그것은 부흥이 아니다. 우리가 담아 두거나 통제할 수 있다면 그것도 부흥이 아니다. 말은 바로 해야 한다. 그것은 '설교의 크림' 위에 '인간 버찌'를 얹어놓은 보기 좋은 집회의 연속일 뿐이다! 우리는 그것이 못내 좋아 매순간 입술을 빨겠지만 그것이 부흥은 아니다. 우리는 성가대와 음악 등 교회에서 행해지는 모든 것들에 중독됐다. 그 사실을 직시해야 한다. 하지만 그런 것들은 하나님이 말씀하시는 교회가 아니며 참된 부흥도 아니다. 내가 확신하는 것이 있다. 하나님은 곧 그 모든 것을 벗겨 내시고 우리에게 "자, 나를 사랑하는 자 누구냐? 나를 원하는 자 누구냐?"고 물으실 것이다. 지금은 부흥이 아니라 부흥 주시는 분을 구할 때다.

하나님은 자기 백성과의 장거리 관계에 지치셨다. 그분은 수천 년 전 모세 시대에도 거기에 지치셨고 오늘도 마찬가지다. 그분이 진정 원하시는 것은 그분과 나와의 가깝고 친밀한 만남이다. 그분은 내주의 임재로 우리들 가정에도 침투하기 원하신다. 찾아오는 사람마다 집안에 들어서는 순간 깜짝 놀라 울음을 터뜨리며 그분을 경배하게 될 정도로 말이다.

뭇 백성이 우뢰와 번개와 나팔소리와 산의 연기를 본지라 그들이 볼 때에 떨며 멀리 서서…백성은 멀리 섰고 모세는 하나님의 계신 암흑으로 가까이 가니라 (출 20:18,21).

얼마나 두려운 양분법인가! 한쪽은 들어갔고 한쪽은 달아났다!

하나님은 그 백성을 친밀한 관계로 부르셨지만 그들은 딴 길로 내뺐다! 그들은 모세에게 말했다. "하나님이 우리에게 말씀하시지 말게

> 서글픈 현실이지만 대다수 그리스도인들은 하나님이 내주하시는 임재를 제대로 느끼지 못한다. 지저분한 삶을 깨끗하게 할 마음이 없기 때문이다. 반면 난잡한 삶을 정리하려는 이들 중 다수는 율법주의의 덫에 빠지고 만다.

하소서 우리가 죽을까 하나이다"(출 20:19). 십계명에 나타난 하나님의 속성에 부합되는 것들만이 그분의 임재 앞에 서고도 살아남을 수 있다는 사실을 그들은 알았다. 그들이 달아난 것은 이런 말이나 같았다. "우리는 그 수준대로 살고 싶지 않다. 지금 하나님이 우리한테 말씀하시지 못하게 하라." 모세에게 십계명을 주실 때 하나님이 그들에게 원하신 것은 행위를 깨끗하게 하는 것뿐이었다. 더 이상 그들을 먼발치에서 보시지 않아도 되도록 말이다. 그분은 날이 서늘할 때에 광야에서 다시 한번 그들과 함께 걷기 원하셨다. 그들과 함께 앉아 친밀한 연합 속에 마음을 나누기 원하셨다.

지금도 달라지지 않았다. 하나님은 지금 우리에게도 똑같이 해주기 원하신다. 우리의 합당한 반응은 이것이다. "하나님, 우리가 죽어야만 한다 할지라도 부디 우리와 말씀하소서." 서글픈 현실이지만 대다수 그리스도인들은 하나님이 내주하시는 임재를 제대로 느끼지 못한다. 지저분한 삶을 깨끗하게 할 마음이 없기 때문이다. 반면 난잡한 삶을 정리하려는 이들 중 다수는 율법주의의 덫에 빠지고 만다.

이스라엘 백성이 두렵다고 말하자 모세는 이렇게 설명했다. "두려워 말라. 하나님은 너희를 시험하시려는 것뿐이다. 천둥과 번개는 너희에게 그분의 크신 능력을 일깨워 죄를 멀리하게 하기 위한 것이다. 봐라. 그분은 너희와 함께 얘기하고 싶어 너희가 깨끗한 모습으로 가까이 오기를 원하실 뿐이다"(출 20:20 참조). 생각해 보라. 때로 부모의 발자국 소리가 다가올 때면 얼마나 마음이 무겁고 켕겼던가. 하지 말아야 할 일을 하고 있을 때면 특히 더 그랬다. 이스라엘 백성은 아버지의 발자국 소리를 듣고 있었다.

성경은 "백성은 멀리 섰고 모세는 하나님이 계신 암흑으로 가까이 가니라"(출 20:21)고 말한다. 얼마나 대조적인 그림인가. 사람들이 이쪽으로 달릴 때 모세는 저쪽으로 달리며 말했다. "너희도 어서 와라. 하나님이시다. 그분이 '가까이 오라' 하신다. 전에 없던 일이다. 내가 산에 올라갔을 때 나한테 이렇게 가까이 오라고 하셨다. 이제 그분이 내려오셨다. 우리가 다함께 그분께 가까이 오기 원하시기 때문이다."

하나님은 언제나 지도자로부터 시작하신다. 모세는 이미 전에 산에서 한번 그 암흑 속에 들어간 적이 있다. 이제 하나님은 남은 이스라엘 백성 모두 모세와 함께 그분의 임재 안에 들어오기 원하셨다. 그러나 그들은 달아났다. 하나님의 "가까이 오라"는 말씀에 백성들이 "안 됩니다"라고 답하던 순간부터 유대인들의 역사는 내리막길을 걷지 않았나 생각된다. 그것이 모세 시대 이스라엘 백성만의 문제가 아님은 너무도 분명하다. 그것은 현대 교회의 심각한 문제이기도 하다.

헌신으로 얻는 친밀함

하나님과의 참된 친밀함에는 헌신이 따르는데 우리에게는 그 헌신을 두려워하는 마음이 있다. 우선 하나님과의 친밀한 관계는 순결을 요한다. 교회에서 재미있게 장난치던 시절은 끝난다. '재미있게 장난치다'니, 무슨 뜻인가? 여기서 재미란 '짜릿한 흥분은 많고 헌신은 적은' 상태로 정의된다. 그렇다면 우리가 여태까지 원해 온 것은 고작

'하나님과 데이트하는 사이'에 지나지 않는다. 그분과 함께 차 뒷자리에 타면 그걸로 당신은 족했다. 그림을 그려 볼 수 있다. 하나님은 헌신의 반지는 끼지 않은 채 그분께 재미만 얻으려 하는 우리 모습에 지치셨다! 영광보다 짜릿한 전율에 더 매혹된 사람들도 있다! 그들은 기름부음에 중독됐다. 축복 받는 기분을 즐기고, 종교적 '금광(金鑛)'이랄 수 있는 '은사' 받기를 좋아하며, 초콜릿과 꽃다발과 보석에 황홀해한다. 그러나 하나님은 지금도 애인이 아니라 신부를 찾고 계신다. 그분과 백년해로 할 자를 찾고 계신다.

유감스럽게도 교회에는 내 쪽의 헌신은 전혀 없이 무조건, 그리고 최대한 받으려고 하나님께 나오는 사람들이 많다. 하나님은 교회를 향해 말씀하신다. "나는 그것이 싫다. 나와 결혼하려거든 똑바로 하자. 서로 서약하자." 우리는 헌신 없는 값싼 쾌감을 찾아다니지만 하나님은 '친밀함'을 말씀하신다. 가는 곳마다 그분의 주제는 친밀함이다. 그 친밀함에서 부흥이 나온다. '부흥'이라는 아기는 신랑에 대한 '신부의 헌신'에서 탄생하는 것이다. 아기란 언제나 친밀함에서 태어나게 돼 있다. 지금은 가까이 갈 때다.

우리는 말보다 마차를 앞세울 때가 많다. 부흥을 원한다고 말하면서 친밀함은 안중에도 없다. 그분을 구하지 않으면서 부흥을 구한다. 이것은 생판 처음 보는 이성(異性)이 다가와 이렇게 말하는 것이나 다름없다. "나는 자식을 원해요. 당신은 어떤가요? 난 당신을 잘 몰라요. 당신이 좋은지도 잘 몰라요. 물론 결혼에 따르는 헌신 따위는 원치 않아요. 다만 내가 진짜 원하는 것은 자식이에요. 어때요?"

오늘날 교회 성장에 대한 책은 셀 수 없이 많은데 때로 그 저변에 깔린 메시지는 '하나님과 관계없이 교회를 성장시키는 법'이다. 우리는 '친밀함'에 따라오는 조건들을 피해 갈 지름길을 찾기 위해 사방으로 애썼다. 왜? 교회 의자에 '자식들이 많이 앉아 있는 것'이 우리의 소원이기 때문이다. 다른 주변 교회들을 둘러보며 비교할 수 있도록 말이다. 가정이란 자녀들 자체로 구성되는 것이 아니다! 자녀란 부부간의 사랑과 친밀한 관계의 자연스런 부산물이다. 솔직히 오늘날 대다수 교회들은 종교 판 역기능 가정이다. '편모'인 사역자들만 있다. '아버지'는 어디로 갔는가? 우리가 정말 구해야 할 것은 하나님과의 생생한 관계다. 서로 사랑하는 남녀가 하나로 맺어졌을 때는 자녀가 생길지에 대해 염려할 필요가 없다. 자녀란 친밀해지는 과정의 당연한 산물이다.

지난 세기 동안, 역사적인 부흥 사건이 미국 땅에서 한번도 일어나지 않은 이유는 무엇인가? 나는 우리의 낮아진 헌신도와 함께 망가진 도덕성이 원인이라고 생각한다. 하나님과 진정 깊은 관계로 들어갈 수 있는지 여부는, 사회 현상 즉 하늘 높은 줄 모르고 치솟는 이혼율과 가정 붕괴 추세가 정확히 나타낸다고 나는 믿는다.

다시 말해 우리는 하나님께 대한 헌신을 하찮은 것으로 일축했거나 잊어버렸다. 그것은 잊혀진 기술이 되었다. 우리가 산 밑에서 하나님의 얼굴을 외면하기로 선택한 뒤, 우리 삶의 모든 헌신도 힘을 잃고 허물어지기 시작했다.

온실 속의 뿌리 없는 그리스도인들

대다수 그리스도인들은 두려움도 고난도 핍박도 없는, 철저히 보호받는 환경에 있을 때만 꽃을 피우는 '온실 속의 그리스도인들'이다. 그들에게는 예수님의 이름을 들먹이다 뭔가 대가를 치러야 하는 상황

> 하나님은 투명한 순결의 자리에 진지한 부흥을 원하는 자들을 부르신다. 그분이 찾으시는 사람은 바로 '나'다. 그분은 우리가 가까이 오기 원하신다. 그러나 가까이 다가가면 그분은 반드시 우리를 만지신다.

이 일어나서는 절대로 안 된다.

그러한 온실 속의 그리스도인들이 역경과 슬픔의 비바람이 몰아치는 현실 세계로 나왔을 때의 결과를 우리는 종종 보았다. 뜨거운 햇볕과 가뭄을 견뎌야 하는 상황이 되면, 그들은 자신들의 뿌리가 자라지 않았다는 사실을 비로소 깨닫는다. 그들은 시들어 가며 말한다. "이렇게 되려고 밖에 나온 게 아닌데…."

하나님은 나를 '구원 받는다'는 것의 의미와 기준을 일부 재정의하지 않을 수 없는 지경에 이르도록 하셨다. '완벽한 환경'에서만 우리의 삶에 하나님 임재가 입증된다면, 핍박받는 그리스도인들에게는 하나님이 없다는 말이 된다. 그들에게 어떻게 그것이 가능하겠는가? 그들에게는 성경 세미나도 없다. 성가대도 없고 최신 예배 음악도 없다. 에어컨도 안내자도 아기 방도 전자 호출 장치도 카펫 깔린 교회 건물도 상담 사역자도 없다. 그들의 예배 환경은 열악하다. 교회로 모이다 발각되면 그들은 처참한 대가를 치러야 한다. 나는 중국 그리스도인들이 모여 예배를 드리다 발각됐다는 기사를 읽은 적이 있다. 중국 관리들은 시내 한복판에 말 여물통을 놓고는 남녀 가리지 않고 모든 교인들을 거기서 소변 보게 했다. 이어 교인들이 보는 앞에서 목사를 그 오줌 속에 빠뜨렸다!

이런 그리스도인들은 이번 달에 월급이 올랐는지, 은행 잔고 상황이 어떤지, 교회 활동에 얼마나 '재미'가 있는지 따위로 하나님과의 관계를 측정하지 않는다. 그들은 바울처럼 이렇게 고백한다. "아무튼 나는 그 경주를 끝내고 주 예수께서 내게 주신 사명 즉 하나님의 은혜의 복음을 증언하는 사명을 완수하기 위해서라면 내 생명이 전혀 아깝지 않습니다"(행 20:24 참조). 이것이 창조주와 사랑에 빠져 친밀한 교제를 나누는 자들의 고백이다.

하나님은 부르고 계신다. 하나님이 내게 이것을 처음 깨우쳐 주셨을 때 나는 사람들 앞에서 떨며 울었다. 그때도 나는 지금 말하는 것과 똑같이 그들에게 말했다. "여러분은 오늘 시내산에 있습니다. 하나님은 친밀한 인격적 관계로 여러분을 부르고 계십니다. 담대히 그분의 부르심에 응답한다면 여태 당신이 해온 모든 일의 정의가 달라질 것입니다." 그리스도와의 동행에 있어서 진보할 것이냐 퇴보할 것이냐는 오늘 우리의 결단에 달려 있다.

하나님과 친해지려면 어느 정도 마음이 깨어져야 한다. 순결이란 상한 심령에서 나오기 때문이다. 게임은 끝났다. 하나님이 우리를 부르고 계신다.

우리는 하나님이 우리의 심령을 들여다보실 것을 알며 거기서 무엇을 보게 되실지도 안다. 어쩌면 그래서 그분과 함께 구름 속에 들어갈 마음이 없는지도 모른다. 우리는 외면적 행동 이상의 것을 살펴야 한다. 내면의 동기도 살펴야 한다. 우리는 깨끗한 모습으로 와야 한다. 하나님은 일부분만 순결한 교회에는 그 얼굴을 보이실 수 없기 때문이다. 그랬다가는 즉각 소멸될 것이다.

하나님은 투명한 순결의 자리에 진지한 부흥을 원하는 자들을 부르신다. 그분이 찾으시는 사람은 바로 '나'다. 그분은 우리가 가까이 오기 원하신다. 그러나 가까이 다가가면 그분은 반드시 우리를 만지신다. 그 의미는 이것이다. '우리는 죽어야 한다.' 모세에게 "나를 보고 살 자가 없음이니라"고 말씀하신 하나님이 곧 우리의 하나님이다. 그러므로 지성소로 가기 전에 제사와 죄 사함의 제단을 거치는 것을 잊지 말라. 지금은 우리의 자아를 십자가에 매달고, 우리의 의지를 십자가에 못 박고, 우리의 계획을 버려야 할 때다.

하나님은 더 높은 헌신의 차원으로 우리를 부르고 계신다. 나 혼자 만들어 낸 계획일랑 잊어버려라. 그분의 제단에 올라 자아에 대해 죽어라. 기도로 여쭈어라. "하나님, 제가 어떻게 하기를 원하십니까?" 지금은 모든 것을 버리고 나 자신을 피로 적실 때다. 살아 있는 것은 그분의 임재 앞에 설 수 없다. 하지만 우리가 죽는다면 그분이 우리를 살리실 것이다. 그분의 임재 안에 진정 들어가기 원한다면 우리가 할 일은 죽는 것뿐이다.

"나는 날마다 죽는다"는 사도 바울의 말은 곧 "나는 날마다 하나님의 임재 안에 들어간다"는 말이다(고전 15:31 참조). 달아나지 말고 들어가라!

하나님 임재의 원리 5

직 접 대 면 한 다

하나님은 멀리 떨어져서 누군가를 통해
우리에게 말씀하시는 데 지치셨다.
가까이 와서 직접 대화하자고 부르신다.
기꺼이 헌신하여 그 임재 속으로 들어가라.

6 영광을 구하라

하나님의 영광을 경외함으로 준비할 때다

"평소 어느 교회든 안으로 들어설 때 당신은 조용히 고개 숙여 경외를 표하는가? 당신이 그렇다고 답한다면 나는 놀랄 것이다."

―A. W. 토저

휴스턴에 있는 그 교회의 주일 예배 때 하나님 임재가 벼락처럼 천정을 뚫고 들어와 강대상을 두 동강내던 10월의 그 주말, 내 삶은 영원히 달라졌다. 친구 목사에게 했던 내 말이 잊혀지지 않는다. "하나님이 자네를 죽이실 수도 있었네." 그 말을 할 때 나는 웃지 않았다. 하나님이 이렇게 말씀하시는 것 같았다. "내가 여기 있으니 너희는 내 임재를 존중해라." 웃사의 무덤이 그림처럼 내 머리 속에 떠올랐다.

우리는 '하나님을 원한다'고 말했지만 정작 우리가 무엇을 구하고 있는지 몰랐다. 나도 아는 줄 알았지만 아니었다. 하나님이 정말 임하셨을 때 우리 중 그 임재의 실체에 준비된 사람은 아무도 없었다. 1장에서 말한 것처럼 설교는 거의 전무했다. 우리로서는 선택의 여지가 없었다. 한동안 교회의 소유권을 되찾으신 하나님은, 우리가 그 예배에 어떤 일을 하는 것도 허락하지 않으셨다. 손에 닿을 듯 빽빽이 들어찬 그분의 임재가 너무 무거웠다. 나는 다음 말씀의 의미를 그때서야 비로소 '직접 피부로' 느꼈다.

제사장이 성소에서 나올 때에 구름이 여호와의 전에 가득하매 제사장이 그 구름으로 인하여 능히 서서 섬기지 못하였으니 이는 여호와의 영광이 여호와의 전에 가득함이 었더라(왕상 8:10-11).

하나님이 그 교회 건물에 너무 갑작스럽고 강하게 임하셨으므로 우리는 그분의 구체적 지시가 없는 한 두려워 아무것도 할 수 없었다. 물론 그분은 언제나 거기 계셨지만, 우리가 체험한 특별하고 명백한 임재는 아니었다. 그때 우리는 그저 떨며 자리에 앉아 있을 수밖에 없었다. 하나님의 분명한 허락이 없는 한 헌금 순서를 갖기도 두려웠다. 우리는 서로 연신 물었다. "헌금을 해도 괜찮을 것 같나? 이 순서를 해야 될까? 저 순서는?"

영광에 대한 경외

우리들 대부분이 전에 수천 번도 더한 일을 우리는 왜 그토록 주저해야 했을까? 우리는 거룩한 세계를 대하는 데 아마추어였다. 내 생각에는 사실 지금도 그렇다! 내가 본 바에 따르면, 하나님의 명백한 임재가 처음 올 때는 아무 경고 없이 갑자기 온다. 그러나 이후에 임하실 때는 초청을 받아야만 즉 우리의 갈급함이 표출돼야만 오신다. 이 말의 골자는 '당신은 정말 그분이 오시기를 원하는가?'이다. 하나님을 좇는 사람이 되는 대가를 기꺼이 치를 용의가 있는가? 그렇다면 당신은 하나님의 거룩하심을 올바로 경외하고 취급하고 관리하는 법을 배워야 한다.

A. W. 토저는 교회가 거룩함을 상실하는 것을 깊이 우려했다. 그는 교회들의 예배에 성스러운 의식이 없어지는 것을 보고 통탄했다. 그가 보기에 그런 경외가 없는 것은, 사람들이 자기 교회 안에 하나님의 임재가 있다고 생각하지 않는다는 뜻이다. 아니, 정말로 임재가 없을지도 모른다. 토저는 신령한 삶에 대한 갈망과 동경이 세상의 세속주의에 밀려나고 있음을 보았다. 그런 환경에서는 부흥이 나올 수 없다. 그 결과 교회가 그분께로, 그분의 '물건들'이 아니라 그분과의 관계로 돌아오지 않는다면 하나님은 정말 눈길을 다른 데로 돌리실 수도 있음을 느꼈다.[1]

구약의 대제사장이 동료 제사장들에게 이렇게 말했던 까닭을 이제야 알 것 같다. "하나님의 영광이 거하는 곳에 들어갈 참이니 내 발목에 끈을 매 주시오. 내 딴에는 준비에 최선을 다했지만 하나님은 두려운 분이오." 나는 하나님을 겁내지 않는다. 그분을 사랑한다. 하지만 고백컨대 하나님의 거룩한 세계와 영광에 대한 지금의 이 경외감은 전에 없던 것이다.

'기름부음'에 대해 다루는 것이 전에는 쉬웠으나 지금은 그것이 성스러운 일임을 안다. 이제 나는 사역 전에 조심스레 두 가지를 기도한다. 우선 감사의 기도를 드린다. "주님, 저희에게 와 주시니 감사합니다." 이어지는 기도의 뒷부분은 이렇다. "주님, 계속 머무소서."

열왕기하 4장에는 선지자 엘리야에게 방을 제공하는 자식 없는 여

---

1. A. W. 토저는 내가 가장 좋아하는 저자 중 하나다. 다음 책을 권하고 싶다. *Tozer on Worship and Entertainment: Selected Excerpts*, James L. Snyder 편집, Camp Hill, PA: Christian Publications, 1997

> 우리는 하나님의 거룩한 것들을 더 조심스럽고 민감하게 대하는 법을 배워야 한다. '좋은 것'은 순식간에 '최선의 것'의 가장 큰 적이 될 수 있다. 하나님의 최선을 원한다면 우리가 생각하는 좋고 무난한 것을 희생해야 한다.

인 이야기가 나온다. 여인은 보답으로 아들을 받았다. 사탄이 어린 아들을 죽게 하자 하나님이 선지자를 보내 아이를 다시 살려 주신 것이다. 하나님이 태어나게 하신 것을 사탄이 빼앗을 수 없다. 단, 하나님은 믿음으로 기적의 가능성을 준비하는 자들에게만 새 생명을 허락하신다. 내가 이미 오신 주님께 깊이 감사드리며, 다시 오시도록 우리의 준비된 모습을 아뢰는 이유가 거기에 있다. "주님, 수요일 목요일 금요일에 저희가 여기서 주님을 예배하겠습니다. 저희의 목적은 오직 주님의 이름을 찬양하고 주님의 아름다운 얼굴을 구하는 것입니다." 나는 하나님이 다시 한번 우리를 찾아 주실 것을 믿는다. 하나님이 찾아오시면 새롭고 귀한 것들이 생겨난다는 사실을 나는 말씀을 통해 안다. 사탄이 그것을 죽이려 한다면 하나님은 천지를 움직여서라도 자신이 낳으신 것에 다시 생명을 불어넣으신다!

우리는 하나님의 거룩한 것들을 더 조심스럽고 민감하게 대하는 법을 배워야 한다. '좋은 것'은 순식간에 '최선의 것'의 가장 큰 적이 될 수 있다. 그것을 잊어서는 안 된다. 하나님의 최선을 원한다면 우리가 생각하는 좋고 무난한 것을 희생해야 한다. 우리가 '최선의 것' 즉 하나님이 기뻐하시는 것을 찾을 수만 있다면 임재의 약속은 현실이 된다. 나는 하나님이 하고 계신 일을 조금이나마 본 것 같다. 그분은 지금 본래의 자리로 이사 중이시다!

역대하 13장에 보면 다윗은 이스라엘 왕이 되어 블레셋을 친 후 언약궤를 예루살렘으로 가져오기로 결정한다. 명백한 하나님 임재의 증표가 임시 거처를 떠나 '그분의 영광이 속한 곳' 으로 돌아온다는 점에서 그것은 '하나님의 이사' 였다. 하나님은 당신의 진짜 거처로 이사해 들어오기 원하신다. 성경에서 예루살렘은 교회의 모형과 그림자로 그려지곤 한다. 사도 바울은 '위에 있는 예루살렘' 이 '우리 모두의 어머니' 라고 했는데 그것은 교회를 비유한 말이다(갈 4:26 참조). 이것은 영적 도성 내지 하나님의 거처인 교회이다. 하나님은 온 세계가 볼 수 있도록 교회 안에 당신의 영광을 나타내기 원하신다.

하나님의 영광 또는 '묵직한 임재' 가 인간의 죄와 무관심 때문에 제자리에서 밀려난 때가 있었다. 늙은 제사장 엘리의 손자가 바로 인간의 극악한 책략으로 인한 하나님 부재의 영원한 증표였다. 이 신생아의 산모는 죽어갈 때 옆에 있던 여자들에게 아들의 이름을 '이가봇' 이라고 짓도록 했다. 이는 '영광이 떠났다' 는 뜻이다. 그녀의 진통은 하나님의 궤를 전쟁터에서 블레셋 사람들에게 빼앗기고 남편 비느하스가 죽었다는 소식을 들은 직후에 시작됐다. 엘리의 두 아들 홉니와 비느하스는 여호와 앞에서 제사장 직무를 수행하는 중에도 하나님께 죄를 범했던 인물들이다! 오늘날 수많은 사역도 이와 똑같지 않은가? 그들에게도 똑같은 운명이 기다리고 있다. 그들의 유산은 '이가봇' 즉 '영광이 떠났다' 는 이름으로 기억될 것이다.

언약궤를 잃고 20여 년이 지나도록 사울 왕은 언약궤를 예루살렘으로 가져오는 일에 관심이 없었다. 그러나 다윗은 달랐다. 그는 하나님의 임재가 예루살렘 본처에 회복되는 것을 보고 싶은 열망에 불탔다. 그는 하나님 영광의 그늘 아래 살기 원했다. 오늘날 교회는 '교회 놀이' 를 너무 오래 해왔다. 이제 누군가 일어나 "사울 시대는 끝났다!"고 말할 때다. 사울은 육체를 따라 난 왕이었고 다윗은 성령을 좇아 난 왕이었다. 사울은 남들보다 키가 어깨 위나 더해서 왕으로 뽑혔다. 외모와 조건으로 따지자면 적임자처럼 보였다. 그가 왕으로 지명된 것은 어디까지나 백성들이 하나님을 '2인자'로 몰아냈기 때문이다. 사울은 하나님이 주신 통치의 사명을 금세 망각한 채 매사에 하나님보다 사람에게 영합하려 했다. 하나님의 청지기 일에는 정치꾼이 들어설 자리가 없다. 하나님의 자녀로서 우리가 만족시켜야 할 대상은 하나뿐이다. 바로 자신의 기쁨을 위해 우리를 창조하신 하나님이다.

반면 다윗은 하나님이 택하신 왕이요 그분과의 친밀한 관계 속에 평생 훈련된 자였다. 하나님이 사울의 손에서 나라를 떼어 다윗의 손에 주셨을 때(삼상 28:17 참조) 다윗이 행동으로 보인 뜻은 사실상 이것이다. "우리는 더 이상 육신적 방법으로 하나님을 추구하지 않는다." 우리들이 일어나 하나님을 좇는 자가 되겠다는 결의를 선포할 때 교회는 결코 지금 같지 않을 것이다.

외형은 더 이상 중요하지 않다

북미 지역 어디를 가나 교회 첨탑을 볼 수 있다. 그리고 잘 다듬어진 앞뜰 잔디밭에는 그럴듯한 표지판이 세워져 있다. 그러나 그것이 어떠하든 그곳들에서 하나님은 별로 대접받지 못한다. 왜일까? 그들에게는 하나님의 임재보다 자신들의 프로그램, 위세, 사람들 앞에서의 체면이 더 중요하기 때문이다.

그러나 하나님은 은혜와 자비의 비를 내리기 시작하시는 중이다. 그 비가 내릴 때마다 갈급한 사람들은 조금씩 변화되고 있다. 그들은 건물의 위용이나 전문적인 프로그램 제작 따위에 더 이상 관심이 없다. 그들은 하나님을 구하고 있다. 그들은 하나님 임재의 궤가 교회로 다시 돌아오기 원한다.

많은 그리스도인들이 오늘 나와 같은 자리에 있을지 모른다. 나는 궤 없는 교회 예배에 너무 많이 참석했다. 무력한 성가대 찬송을 너무 많이 들었다. 나 자신의 사역에도 이골이 난다! 기름부음은 혹 있었을지 몰라도, 모두가 갈망하는 하나님 임재로 이끌지는 못한 설교를 나는 너무 많이 했다. 내 딴에는 아는 대로 최선을 다했겠지만 기껏해야 그분의 희미한 냄새를 쥐어짜는 것이 고작이었다. 측량할 수 없이 더 좋고 강한 것을 그저 변죽만 울렸던 것이다.

기름부음 아래 내가 할 수 있었던 것은 휘장의 엉뚱한 쪽에 연기나 피우는 정도였다. 진정 우리가 갈구하는 것은 휘장 안으로 기어 들어가 그분의 영광을 보는 것이었는데도 말이다. 나는 기름부음을 인해 감사드린다. 하지만 지금은 우리를 위해 하나님이 예비하신 것이 그 이상임을 안다.

바로 '그분 자신'이다. 나는 수십 년간 사역에 쩔쩔매며 애써왔다. 그러나 하나님의 묵직한 임재가 임하면 내가 할 수 있는 모든 일은 무색해진다는 것을 비로소 깨달았다. 하나님이 명백한 임재로 현장에 임하시면 모든 사람, 죄인과 성도, 부자와 가난한 자, 똑똑한 자와 우매한 자, 청년과 노인 할 것 없이 그야말로 모든 사람이 엎드러져 그분의 영광을 두려워한다. 우리는 기름부음을 구하는 자리에서 그분의 명백한 임재 즉 영광을 구하는 자리로 옮겨가야 한다. 기름부음은 육신에 힘을 더해 주어 설교나 노래를 좋게 한다. 그러나 영광은 육신의 기를 꺾는다! 영광을 구하라!

다윗은 아버지의 목장에서 하나님과 친밀하게 교제하던 일을 기억했다. 초라한 목동 시절, 사자나 곰 그리고 블레셋 최강의 전사를 상대

> 우리는 기름부음을 구하는 자리에서 그분의 명백한 임재 즉 영광을 구하는 자리로 옮겨가야 한다. 기름부음은 육신에 힘을 더해 주어 설교나 노래를 잘하게 한다. 그러나 영광은 육신의 기를 꺾는다! 영광을 구하라!

할 때 경험했던 주님과의 초자연적 만남을 떠올렸다. 세월이 흘러 유다와 이스라엘의 왕위에 오른 다윗이 꿈을 이루기 위해 취한 첫번째 행동은 이것이다.

[다윗이] 이스라엘의 온 회중에게 이르되 만일 너희가 선히 여기고 또 우리의 하나님 여호와께로 말미암았으면 우리가 이스라엘 온 땅에 남아 있는 우리 형제와 또 저희와 함께 들어 있는 성읍에 거하는 제사장과 레위 사람에게 보내어 저희를 우리에게로 모이게 하고 우리가 우리 하나님의 궤를 옮겨오자 사울 때에는 우리가 궤 앞에서 묻지 아니하였느니라 하매(대상 13:2-3).

많은 '사울들'과 인간적인 노력은 그간의 것으로 족하다. 모든 것을 제쳐두고 "우리에게 좋은 건물과 성막은 있을지 몰라도 우리에게 필요한 것은 그분이다!"고 고백할 정도로 하나님 임재에 갈급한 이들이 있어 감사드린다. 이스라엘은 하나님의 부속물은 다 갖추었으되 '그분'이 없을 때가 너무 많았다. 예수님 당시의 유대인들도 성전이 있었고, 모든 의식과 제사를 완벽히 거행했으며, 동작 하나하나까지 율법을 준수했다. 레위 제사장들은 직무를 연중무휴로 수행했다. 그러나 언약궤는 없었다.

나는 가끔, 성소의 휘장이 찢어진 것은 실패한 종교의 빈자리를 폭로하려는 의미도 있지 않았을까 하는 생각을 한다. 휘장이 찢어지자

지성소가 비어 있음이 밝혀지지 않았는가. 모든 활동은 휘장 밖에서 이루어졌다. 휘장 안은 텅 빈 정적뿐이었다. 때로 우리는 뭔가가 빠져 있음을 인정하고 '궤'를 찾아나서야 한다. 바리새인들은 자신에게 뭔가가 조금이라도 빠져 있음을 절대 인정하지 못했다.

이에 다윗이…온 이스라엘을 불러 모으고 기럇여아림에서부터 하나님의 궤를 메어 오고자 할새 다윗이 온 이스라엘을 거느리고…올라가서 여호와 하나님의 궤를 메어 오려 하니 이는 여호와께서 두 그룹 사이에 계시므로 그 이름으로 일컫는 궤라(대상 13:5-6).

다윗 시대에 하나님의 영광을 원하는 사람은 언약궤 앞으로 가야 했다. 궤는 아직 기럇여아림 아비나답의 집에 있었다. 오만 명 이상의 사람들이 죽은 후 두려워진 벧세메스의 이스라엘 사람들이 그곳으로 옮겨 두었었다. 그들이 죽은 이유는 하나님이 임재하시는 거룩한 궤를 여느 상자인 양 들여다보았기 때문이다. 그들은 무엄하게 하나님 임재의 궤를 열어 안을 들여다보았다. 아담한 장난감 상자에 지나지 않는 듯 말이다. 20년 후 다윗은 잃어버린 영광을 찾고자 24킬로미터의 순례 여정에 나선다.

저희가 하나님의 궤를 새 수레에 싣고 산에 있는 아비나답의 집에서 나오는데 아비나답의 아들 웃사와 아효가 그 새 수레를 모니라 저희가 산에 있는 아비나답의 집에서 하나님의 궤를 싣고 나올 때에 아효는 궤 앞에서 행하고 다윗과 이스라엘 온 족속이 잣나무로 만든 여러 가지 악기와 수금과 비파와 소고와 양금과 제금으로 여호와 앞에서 주악하더라 저희가 나곤의 타작 마당에 이르러서는 소들이 뛰므로 웃사가 손을 들어 하나님의 궤를 붙들었더니 여호와 하나님이 웃사의 잘못함을 인하여 진노하사 저를 그곳에서 치시니 저가 거기 하나님의 궤 곁에서 죽으니라 여호와께서 웃사를 충돌하시므로 다윗이 분하여 그곳을 '베레스웃사'라 칭하니 그 이름이 오늘까지 이르니라 다윗이 그날에 여호와를 두려워하여 가로되 여호와의 궤가 어찌 내게로 오리요 하고 여호와의 궤를 옮겨 다윗 성 자기에게로 메어 가기를 즐겨하지 아니하고 치우쳐 가드 사람 오벧에돔의 집으로 메어 간지라 (삼하 6:3-10).

다윗과 그 일행은 하나님의 거룩한 임재와 영광을 인간의 손으로 다루려 했다. 하나님의 거룩하심과 영광을 다룰 때는 어떻게 해야 하는가? 우리의 인간적 방법을 하나님이 그냥 두시는 것은 잠깐일 뿐이다. 나는 다윗 행렬이 타작마당에서 길 위의 걸림돌에 부딪쳤다는 말을 들은 적이 있다. 길에 걸림돌을 두신 분은 누구인가? 하나님일 것이다! 그분은 지금도 인간 논리의 고속도로 한복판에 과속 방지턱을 설치하시는 습관이 있다. 그것 때문에 우리는 어쩔 수 없이 속도를 줄이고 "이것이 옳은 일인가?" 묻게 된다.

길 위의 걸림돌

다윗의 문제는 일행이 하나님의 과속 방지턱을 아무렇지도 않게 지나치려 했을 때 터졌다. 주님의 영광이 인간의 방법론이나 운반 장치나 프로그램에 실려 기우뚱거리는 것은 그분의 뜻이 아니다. 하나님은 언제나 당신의 영광을 옮길 특별한 그릇을 정해 두신다. 바로 그분의 거룩하심을 경외하고 존중함으로 성화된(구별된) 사람들이다.

아비나답의 두 아들은 언약궤 주변에서 20년을 살았다. 그들에게 언약궤는 화려하되 평범한 상자나 궤였다. 언약궤 실은 수레를 모는 자로 발탁됐을 때 그들은 뿌듯했을 것이다. 하지만 두 젊은이는 준비돼 있지 않았고 하나님의 거룩하심에 대한 옛 경고를 몰랐다. 다윗의 행렬이 하나님의 '거룩한 진동' 지점에 이르러 소들이 뛰자 웃사는 궤가 넘어지지 않도록 손으로 잡았다. 웃사(Uzzah)의 이름은 '힘, 담력, 위엄, 안전'[2] 이라는 뜻이다. 그러나 하나님의 임재가 제자리를 찾는 데는 인간의 지원이나 인도가 전혀 필요 없다. 하나님은 살아 있는 육체가 죽음을 맛보지 않은 채 당신의 임재 안에서 기뻐하는 것도 절대 허락지 않으신다.

살아 있는 상태로 감히 다가온 인간에게 하나님의 영광이 '일어나자' 웃사는 즉사했다. 죽은 자들만이 하나님의 얼굴을 볼 수 있다. 회개로 죽은 육체만이 그분의 영광을 만질 수 있다.

우리 중에는 사도행전에 나오는 예루살렘 교회와 비슷하게 돌아가는 교회를 본 사람이 아무도 없을 것이다. 현대 교회는 아나니아와 삽비라가 하나님을 속이다 죽임 당한 사건(행 5:1-11)을 재검토해야 한다. 그때와 동일한 성령님이 오늘 교회에 임하시기 시작했고, 거룩함에 대한 그분의 기준은 달라지지 않았기 때문이다. 그 신생 교회에 임했던 하나님의 영광은 사람들에게 두려움을 주었지만, 한편으로는 기적을 행하시는 능력을 나타내 많은 사람들이 교회로 나왔다(행 5:11-16). 왜 그랬을까? 하나님께 드려진 지도자들이 그분의 능력과 권위로 충만했기 때문이다.

하나님의 명백한 임재를 맡는 청지기가 된다는 것이 얼마나 심각한 일인지 깨달았을 때 다윗은 질문이 생겼다. 하나님 임재의 영광이 조금이나마 우리에게 임했을 때 우리도 그와 똑같은 질문을 던지기 시

---

2. James Strong, *Strong's Exhaustive Concordance of the Bible*(Peabody, MA: Hendrickson Publishers,n.d.) Uzzah(#H5798,#H5797). 사전에 나온 정의를 약간 다듬었다.

> 주님의 영광이 인간의 방법론이나 운반 장치나 프로그램에 실려 기우뚱거리는 것은 그분의 뜻이 아니다. 하나님은 언제나 당신의 영광을 옮길 특별한 그릇을 정해 두신다. 바로 그분의 거룩하심을 경외하고 존중함으로 성화된(구별된) 사람들이다.

작했다. "우리가 정말 이 거룩한 임재를 맡는 자가 돼야 할까?" 나는 "주님, 왜 저입니까?"라고 거듭 되풀이해 묻던 일이 기억에 생생하다. 초장의 시인이요 하나님의 전사인 다윗은, 전에 보지 못했던 하나님 속성의 또 다른 일면을 불현듯 깨달았다. 분명 이스라엘의 그 누구도 하나님의 그런 측면을 보지 못했었다. 슬픈 사실이지만 오늘의 교회도 마찬가지다.

다윗은 예루살렘으로 가려던 것을 취소하고 곁길로 빠졌다. 새삼 두려워진 그분의 임재를 가드(전 블레셋 요새) 근처 오벧에돔이라는 사람의 집에 남겨 두기로 했다. 언약궤는 3개월간 그곳에 머물렀고 하나님은 오벧에돔과 그의 모든 소유에 복을 주셨다.

다윗은 왜 수레를 끌던 소들처럼 멈칫했을까? 그는 충격 받았다. 다윗은 자기 딴에 최고의 예를 갖춰 최선을 다했다(그러나 사실 사무엘상 6:7에 보면 다윗의 방법은 오래 전 블레셋 사람들이 언약궤를 이스라엘 영내로 옮길 때 사용한 방법과 비슷하다). 그는 많은 사람들이 주악하며 노래하는 가운데 남은 백성들과 함께 행렬 앞과 수레 주변에서 춤췄다. 그날 그는 자신의 수고를 하나님이 분명 기뻐하실 줄 믿었다.

그들은 하나님의 임재를 본래의 자리로 옮겨가는 행복한 '교회'였다. 그러다 그들은 나곤의 타작마당에서 길 위의 '거룩한 걸림돌'에 부딪쳤다. '나곤'(Nacon)이라는 히브리어 단어는 엉뚱하게도 '준비됐다'는 뜻이다. 하지만 말할 것도 없이 그들은 준비돼 있지 않았다.

인간의 탈것에서 '하나님의 상자'가 떨어지지 않도록 웃사가 무심코 손을 내밀자 하나님은 이렇게 말씀하시는 듯했다. "여기까지는 너희들 방법으로 오게 됐다만 그것으로 족하다. 너희가 정말 예루살렘에 내 임재를 되찾기 원하거든 내 방법으로 해야 한다." 이어 그분은 곧바로 웃사를 치시고 다윗의 행렬을 즉각 중단시키셨다. 그날 하나님은 상자를 떨치고 나와 인간의 계획을 수포로 돌리셨다.

마음을 추스른 다윗이 회개하고 고민하여 하나님의 영광을 다시 찾게 되기까지는 3개월이 걸렸다. 오늘날 우리가 하나님의 명백한 임재를 만날 때도 똑같은 일이 벌어진다. 우리는 인간이 만들어 낸 사역 전통이나 프로그램의 기우뚱거리는 상자 안에 하나님을 조심조심 가둔다. 그리고는 그분이 떨어지지 않도록 잡아야 한다는 교만하고 인간적인 생각으로 손을 내민다. 하나님의 영광이 우리의 교리나 전통의 상자를 깨고 나와 우리를 충격에 빠뜨릴 때 우리는 놀라지 말아야 한다. 하나님의 영광이 살아 있는 육체를 접할 때 언제나 뭔가가 죽도록 되어 있다.

다윗은 계획과 방법을 바꿨다. 하나님 임재의 무게를 돌연 깨우쳤기 때문이다. 다윗은 이런 생각이 들었다. '작은 일이 아니다. 우리가 하려는 일이 무엇인가? 내가 정말 그 일을 할 사람인가?'

값을 치를 각오가 돼 있는가

이 중대한 시점에 교회가 서 있는 자리가 바로 거기다. 우리는 하나님의 영광을 본연의 자리로 옮기려는 중이다. 하나님은 일단 거기까지 이사하셨다. 타작마당의 진동 지점에 이른 셈이다. 이제 이렇게 자문할 때다. "우리가 진정 이 일을 할 자인가? 정말 이 일을 할 뜻이 있는가? 값을 치를 각오가 돼 있는가? 어떤 대가가 따르더라도 하나님께 순종할 것인가? 하나님의 거룩한 세계를 대하는 법을 새로 배울 각오가 돼 있는가?"

경고하거니와 하나님의 영광, 그분의 명백한 임재는 웃사의 몸을 '쪼갠' 것처럼 지역 교회들을 쪼개 놓을 수 있다. 많은 경건한 목사는 사랑과 지혜로 회중에게 다가가 이렇게 말해야 한다.

"여러분이 하나님의 얼굴을 진지하게 구할 마음이 없다면 다른 곳을 찾으셔도 좋습니다. 하나님의 임재를 바라고 그분의 영광의 무게를 기대하는 것이 불편하게 느껴진다면, 그분이 오실 때 뒤따르는 낯설고 특이한 징후가 여러분에게 불편하게 느껴진다면, 갈급함이 덜한 다른 곳을 찾아가도록 하십시오. 교회를 우리 방법대로 해온 것은 지금까지로 족합니다. 여전히 교회를 '사울의 방법' 대로 해 나가고 싶다면, 하나님을 구태의연한 상자 안에 가두거나 인간이 만들어 낸 프로그램에 묶어 두는 것에 만족한다면, 여러분은 차라리 다른 곳으로 가야 할 것입니다. 분명히 경고합니다. '길 위의 걸림돌'을 만난 이 시점부터 우리는 더 이상 지금까지의 방식대로 하지 않을 것입니다."

'준비'의 타작마당에서 거룩한 걸림돌에 부딪치고 나서야 우리는 "더는 이렇게 하면 안 된다. 더 이상 옳은 방법이 아니다"라는 것을 깨닫는다. 걸림돌에 부딪치기 전까지 우리는 악기 연주와 노래하고 춤추는 몇몇 사람들에 철저히 만족하며 편안해했을지 모른다. 그러나 일단 하나님의 영광을 제자리로 옮겨 오기로 한 이상 우리는 거룩한 걸림돌을 만나게 돼 있다. 나타난 하나님의 영광이, 만인이 보는 앞에서 몇몇 육체를 죽이시는 시점이다. 참 회개란 육체가 죽는 장엄한 광경이다. 비위가 상해 소화하기 힘든 사람들도 있다.

그날 내가 두려워 떨고 있는 친구 목사에게 바짝 다가가 귀엣말로 "하나님이 자네를 죽이실 수도 있었네!"라고 말했을 때 우리는 길 위의 걸림돌 지점에 이른 것을 알았다. 하나님은 말씀하셨다. "너희는 내가 임하는 일에 진지하냐? 내가 임하기를 정말 원하느냐? 그렇다면 내 방법대로 해야 한다."

이스라엘 백성이 아비나답의 집에서 새 수레에 처음 언약궤를 실을 때 언약궤를 어떻게 다뤘는지 아는 사람은 아무도 없다. 하나님만이 아신다.

우리가 아는 사실은, 웃사가 죽고 나서 언약궤를 다루는 방식이 달라졌다는 것이다. 한 가지 확실한 점은 이것이다. 아무도 언약궤에 손대지 않았다는 것. 그들에게는 하나님의 영광을 존중하는 마음이 생겨 평생 떠나지 않았을 것이다. 그들은 이렇게 말했으리라. "오벧에돔, 잘되기를 빌겠소. 우리가 오늘 한 사람을 땅에 묻었다는 사실을 명심하시오. 길 위의 걸림돌에 부딪쳤을 때 그 사람이 언약궤를 만졌기 때문이오. 오벧에돔, 조심하시오."

다윗은 분간이 안 됐다. "정말 언약궤를 예루살렘으로 가져와야 하나? 다 죽을 수도 있는데?" 한 가지 변수가 있었다. 이후 3개월간 하나님이 오벧에돔 집에 복 주신다는 소식이 다윗에게 계속 들려왔다. 성경에 따르면 오벧에돔의 집이 어찌나 복을 받았던지 그가 손대는 것마다 다 복을 받았다! 거기에는 그의 모든 소유와 모든 가족이 포함됐다. 심지어 먼 친척과 농장의 동물들까지 형통했다. 돈이 흘러들었고 모두가 건강했다. 다윗이 오벧에돔에게 상황을 확인하자 그는 이렇게 답했다.

"예. 들으신 대로입니다."

> "더는 안 된다. 한 발짝도 더 갈 수 없다. 너희는 거룩한 걸림돌에 부딪쳤다. 육체를 버려야 할 지점이다. 내 임재가 제자리에 있기를 정말 원하거든 내 방법으로 해라." 하나님의 의견을 여쭌 자가 아무도 없었기에 그분은 일행의 걸음에 제동을 걸으셔야만 했다.

"당신이 어쨌기에 그렇게 된 거요?"

"절대 손대지 않았습니다. 아이들한테 근처에도 못 가게 했지요. 왕께서 그 궤를 저희 집 문 앞에 두고 가신 후로 그 궤가 부와 권력과 권세를 몰고 오는 것 같습니다. 읍내에 나가면 저와 아무 상관도 없던 좋은 일들이 생깁니다."

다윗은 재빨리 언약궤에 대한 공식 입장을 재고했다. 하나님의 임재와 영광이 초라한 농부 집에 그런 복을 가져다 주었다면, 한 나라에 미칠 수 있는 영향은 어떤 것이겠는가? 다윗은 불현듯 깨달았다. 그리고는 말했다. "언약궤를 원래의 자리로 가져와야 한다. 예루살렘으로 가져와야 한다." 처음 언약궤를 새 수레에 실을 때 다윗은 '이스라엘 온 족속'을 모으고 이렇게 생각했다. "와! 우리가 이렇게 하는 것을 보고 하나님도 기뻐하실 것이다. 수천 명의 사람들이 언약궤 주변에 모여 악기를 연주하며 춤추고 있지 않은가."

그러나 그 모든 일에 하나님의 의견을 여쭌 자가 아무도 없었기에 그분은 일행의 걸음에 제동을 걸으셔야만 했다. "더는 안 된다. 한 발짝도 더 갈 수 없다. 내가 수레를 흔들겠다! 너희는 타작마당의 거룩한 걸림돌에 부딪쳤다. 육체를 버려야 할 지점이다. 너희 방법으로는 여기까지밖에 갈 수 없다. 내 임재가 제자리에 있기를 정말 원하거든 여기서부터 내 방법으로 해라."

두 번째 시도 때에야 다윗은 처음에 했어야 할 일을 했다. 그는 말씀을 통해 하나님이 이전에 어떻게 이동하셨는지 살폈다. 모세 시대 사람들은 어떻게 언약궤를 한 곳에서 다른 곳으로 옮겼을까? 다윗은 레위인들과 아론의 후손 제사장들의 참 목적과 기능을 재발견했다. 그리고 언약궤 양쪽에 달린 고리에 나무 막대기를 끼도록 돼 있다는 것을 처음 알았다. "아, 그래서 고리가 있었구나!" 하나님이 '변신하여' 두 막대기에 '달리실' 수 있다니 정말 신기한 일이다!

하나님을 당연시하지 말라

오늘날 많은 갈급한 교회 지도자들이 이전에 하나님이 어떻게 이사하셨는지 자세히 연구하고 있다. 왜일까? 우리는 지금 타작마당의 거룩한 걸림돌 지점에 와 있기 때문이다. 우리가 어렴풋이 느끼는 바처럼, 하나님의 거룩하심과 충만한 영광이 진정 우리 가운데 거하기 원한다면 우리는 거룩한 세계와 하나님의 영광을 바로 대하는 법을 배워야 한다. 여기가 육체가 비켜서야 할 자리임을 우리는 안다. 그렇다면 하나님의 방법은 무엇일까? 우리의 굶주림은 한술 밥으로 채우기에는 너무 크다. 우리는 단순한 방문 이상의 것을 원한다. 우리는 하나님의 방문이 거주가 되길 원한다. 우리는 이가봇(영광이 떠남)이 아니라 그분의 가봇(영광)을 원한다. 우리는 지금 여기에 그분의 임재가 있길 원한다.

우리도 다윗 왕과 같은 상황에 처해 있다. 이 시점에서 우리의 가장 큰 위험은 '거룩한 것을 평범한 것으로 여기게 되는 것'이다. 언약궤는 오랜 세월 아비나답의 집에 있었지만 하나님의 임재는 제한된 방식으로만 그곳에 있었다. 어떤 학자들은 웃사가 어려서부터 언약궤 곁에서 자랐다고 본다. 어쩌면 그는 정말 별 생각 없이 그 위에 앉아 발을 흔들며 놀았을지도 모른다. 그것이 사실이라면 그것은 하나님이 그곳에 제한된 방식으로 계셨기 때문이다.

그러나 하나님의 영광을 본래의 자리로 옮기기 시작하면 문제가 달라진다. 거룩한 규례로 돌아가는 발걸음 하나하나마다 그분의 임재와 능력의 '느낌' 또는 징후가 회복되기 시작한다. 언약궤가 흔들린 것도 가봣 즉 영광의 남은 '무게'가 회복된 결과일 수 있다. 우리는 지금까지 당연시하던 일들을 더는 뻔뻔스레 지속할 수 없다. 조심하지 않으면 우리도 거룩한 것을 아무렇지도 않게 생각하게 되어 웃사 같은 생각에 빠질 수 있다. "만져도 돼. 봐! 난 이것과 함께 자랐다고. 아무 탈 없어." 그러다 하나님의 영광에 마구잡이로 손대게 된다.

하나님의 거룩한 임재를 절대 당연시하지 말라. 울거나 떨거나 이상한 동작을 보이거나 예언하는 사람이 없다고 해서 하나님이 역사하시지 않는다고 가정하지도 말라. 권태와 안일의 하품이 나오려 할 때 조심하라. 역사상 중요한 교단들과 교회들의 많은 위대한 성도들은, 하나님이 언제나 눈에 보이는 것으로 스스로를 나타내실 필요가 없음을 알았다. 그들은 우리 모두에게 엄숙히 경고할 것이다. "감각주의를 찾아 여기 들어오지 마십시오. 하나님을 찾아 들어오십시오. 그러면 그분을 만날 것입니다."

우리는 그분의 끊임없는 임재를 새롭게 느끼며 살 필요가 있다. 나는 그분의 임재가 내게 있어서 평범해지지 않도록 조심한다. 언제든 아무렇지도 않게 그분의 거룩하심을 만질 수 있다고 여기게 되면 큰일나기 때문이다. 나는 어떤 대가를 치르더라도 그분을 원한다. 거룩한 것이 내게 평범해지게 할 수는 없다. 하나님의 임재와 거주를 바라고 그를 위해 헌신하기로 했다면 이렇게 기도하자.

"주 하나님. 저는 주님을 만나고자 이 자리에 있습니다. 주님 임재의 거룩한 세계를 대하는 법을 배우고 있습니다. 주 예수님, 저를 불쌍히 여겨 주소서."

하나님이 교회에 '능력을 나타내실' 때 처음 하는 일 중 하나는 그 위대한 능력을 귀히 여기는 마음을 회복시키시는 것이다. 전기 기술자뿐만 아니라 그 누구든 상식 있는 사람이라면 배선 작업을 하기 전에 항상 먼저 전력을 끈다. 왜? 전에 전력을 만져 본 적이 있기 때문이다. 그 경험에서 그들이 얻은 것은 무엇인가? 전기의 위력과 그것이 무방비 상태의 신체에 미치는 영향일 것이다. 이후 그들은 그것을 조심하게 됐다.

마찬가지다. 자비의 하나님은 그분의 능력을 이 땅에 보내실 때 우선 그분의 영광과 거룩한 것들에 대한 두려움, 존중의 마음을 우리에게 회복시키신다. 우리는 회개하지 않은 육체에 미치는 하나님 영광의 위력을 새삼 깊이 깨닫고 조심할 필요가 있다. 그렇다고 우리가 그 영광에 가까이 가지 말거나, 그것을 '활용하지' 말거나, 그 안에 거하지 말아야 한다는 말이 아니다.

전기 기술자가 불꽃이 팍팍 튀기는 220볼트 전선으로 능히 작업할 수 있는 것처럼 다윗과 이스라엘 백성은 언약궤 안에 나타난 하나님의 영광을 높이고 '다루고' 관리하는 법을 배웠다. 사실 그들은 나중에 전쟁터에 언약궤를 가지고 가기도 했다. 지금 하나님은 우리를 부르신다. 그분의 임재를 '살아 있는 언약궤' 또는 지존하신 하나님의 성막으로 삼아 날마다 '전쟁터'에 가지고 가라고 하신다. 하나님은 우리가 그분과 함께 친밀한 연합 속에 거하길 원하신다. 그러려면 먼저 우리 육체가 죽어야 한다.

> 하나님은 그분의 능력을 이 땅에 보내실 때 우선 그분의 영광과 거룩한 것들에 대한 두려움, 존중의 마음을 우리에게 회복시키신다. 우리는 회개하지 않은 육체에 미치는 하나님 영광의 위력을 새삼 깊이 깨닫고 조심할 필요가 있다.

그렇게 되면 하나님의 임재가 우리의 사무실과 공장과 감옥과 쇼핑센터에서 역사하실 것이다. 그 임재의 기름부음과 능력이 우리에게 아주 강하게 임할 것이다.

이 위대한 부흥은 인간의 노력이 아니라 그분의 영광과 임재로 말미암는 것이기에 교회의 벽 안에 갇혀질 수 없다. 하나님의 영광은 세상으로 흘러나가야 한다.

하나님의 영광을 제자리로 옮기려는 다윗의 두 번째 시도에서 주목해야 할 것이 하나 더 있다. 다윗이 레위인들과 아론 자손들을 제사장 직무로 다시 불러 언약궤의 수종을 맡기면서 한 엄숙한 경고다. 이것은 오늘날 하나님 나라의 모든 대제사장에게도 그대로 적용된다.

저희에게 이르되 너희는 레위 사람의 족장이니 너희와 너희 형제는 몸을 성결케 하고 내가 예비한 곳으로 이스라엘 하나님 여호와의 궤를 메어 올리라 전에는 너희가 메지 아니하였으므로 우리 하나님 여호와께서 우리를 충돌하셨나니 이는 우리가 규례대로 저에게 구하지 아니하였음이니라(대상 15:12-13).

여기 '성결케 하다'고 번역된 히브리어 단어 카다시(qadash)는 '구별하다, 거룩하게 하다'는 뜻이다. 다시 말해 우리는 그분처럼 거룩하게 됐다. 다윗이 이들에게 성결의 중요성을 얼마나 강조하는지 잘 보라. 그의 말은 이런 뜻이다.

"성결케 하지 않았던 한 사람의 무덤을 당신들에게 보여 주고 싶소. 당신들은 그 사람을 죽게 한 바로 그 언약궤를 운반할 것이오. 그러니 지금 당장 결례 의식을 따르는 것이 좋소. 자신을 성결케 하시오." 고리에 막대기를 처음 끼우던 사람은 분명 자신이 죽은 목숨인 줄 알았을 것이다. '사형수 입장'을 거친 자만이 하나님의 거룩하심을 대할 수 있다.

움켜쥘 가치가 있는 것

세상 곳곳에서 일어나고 있는 하나님의 이사는, 종종 밤마다 회개하며 자신을 정결케 하는 사람들의 모습으로 나타난다. 우리는 성령을 방해하거나 소멸하지 말고 회개와 깨어짐의 과정이 철저히 이루어지도록 하나님께 자신을 드려야 한다. 그럴 때 우리는 가봇 즉 하나님의 묵직한 임재가 우리 위에 임해도 두려움 없이 그것을 품을 수 있다. 우리 육체가 어린양의 피에 덮여 죽음으로써 예수님의 정결함 가운데 행하게 되기 때문이다.

젊었을 때 나는 옛 오순절 운동 가담자들이 하던 일들을 놀리곤 했다. 우리 숙모 하나는 자신의 삶 속에 하나님의 임재를 구할 때면 코카콜라도 마다했다. 코카콜라를 유난히 좋아한 숙모였지만 이렇게 기도했다. "하나님, 주님께서 제게 오신다면 다시는 마시지 않겠습니다." 하나님은 그 말을 그대로 받아주셨다.

나는 어렸을 때 그 말에 웃으면서 숙모 앞에 코카콜라를 흔들어 보이며 놀리곤 했다. "여기 있어요. 코카콜라 드릴까요?" 그러면 숙모는 가만히 웃으며 "아니, 난 코카콜라를 원치 않아"라고 말했다. 어린 나는 숙모의 웃음을 볼 때마다 '숙모는 내가 모르는 것을 알고 있다' 는 느낌을 지울 수 없었다. 휴스턴에 하나님의 명백한 임재가 나타난 그 첫날 이후로 나는 말할 수 있게 됐다. "숙모, 이제야 알겠습니다. 이제야 압니다." 하나님을 놓아가면서까지 움켜쥘 가치가 있는 것은 아무것도 없다.

> 하나님 임재의 원리 **6**
>
> ## 준 비 하 고   순 종 한 다
>
> 그분의 임재를 절대 당연시 여기지 말라.
> 두려움과 존중의 마음으로 준비하고
> 하나님의 방법대로 행동해야 한다.
> 나를 성결케 한 후 그 영광을 구하라.

7 땅을 회복하라

하나님의 도시들이 정복되고 성령의 샘이 터진다

우리는 하나님이 세상을 바꾸시기를 원한다. 하지만 그분은 우리를 바꾸시지 않는 한 세상을 바꾸시지 않는다. 현 상태의 우리는 어떤 영향도 미칠 수 없다. 그러나 위대하신 토기장이께 우리를 맡긴다면 그분이 우리 모두를 마땅히 돼야 할 모습으로 바꾸실 것이다. 우리 육신의 그릇은 여러 번 다시 빚어야 할 수도 있다. 어쨌든 토기장이의 손길에 맡기기만 하라. 그분은 우리를 명예와 힘과 생명의 그릇으로 바꾸실 수 있다. 그분은 무식한 어부들을 세상의 개혁자로, 미움받던 세리들을 담대한 부흥가로 바꾸신 분이 아니던가? 전에도 하셨다면 지금도 하실 수 있다!

이 책은 우리의 삶과 교회 생활에 하나님 임재를 모셔 들이도록 돕고자 쓴 것이다. 나는 다음의 기도를 우리가 함께 드리길 원한다. 가슴에 손을 얹고 이 '진흙의 기도'를 드리자.

"아버지. 주님의 임재를 인해 감사드립니다. 주님, 뭔가 일어날 듯한 가능성이 느껴지고 주님이 가까이 계심을 압니다. 하지만 주님이 아직 충분히 가까이 계시지 않음을 고백하지 않을 수 없습니다. 성령님, 오소서. 지금이 아니면 언제겠습니까? 저희가 아니면 누구겠습니까? 여기가 아니면 어디겠습니까? 주님, 말씀해 주소서. 저희가 가겠습니다. 주님을 원하기에 주님의 임재를 좇겠습니다. 주님, 저희가 구하는 것은 주님의 임재이며 다른 어떤 것으로도 만족할 수 없습니다."

그리스도의 몸된 교회 안에서 뭔가가 벌어지고 있다. 케케묵은 종교적 게임에 시들해지는 사람들이 갈수록 많아지고 있다. 뭔가 전사의 정신 같은 것, 즉 영원하신 분의 이름으로 영토를 정복하려는 열망이 우리 안에 일고 있다. 나는 주님에게 받은 일생의 명령이 있다. 그것은 하나님이 장차 성령을 부어 주시려는 중심 도시들을 깨닫는 대로 그곳에 내 삶을 쏟아 붓는 것이다.

나는 하나님이 '돌연 임하실' 곳들을 찾는 중이다. 휴스턴 시에 '돌연 임하신' 하나님에 대해서는 앞서 설명한 바 있다. 나는 그때 하나님이 임하시는 현장에 있는 특권을 누렸다. 이후 하나님은 나를 몇몇 지역들의 연속 집회에 참석하도록 인도하셨다. 그런 지 1년이 넘었다. 계속해서 놀라운 일들이 벌어지고 있다. 아직도 갈 길은 멀다. 그러나 각 도시에서 우리가 행한 일들은 하나님의 이동에 영적으로 깊은 의미가 있다. 나는 피니, 에드워즈, 로버츠 등 부흥 운동가들이 보았던 것처럼 하나님의 돌연한 임재가 들불처럼 퍼져 나가는 것을 보고 싶다. 각 지역 전체가 하나님 나라에 휩쓸리는 모습을 말이다.

목표는 도시 전체

나는 도시들을 겨냥한다. 교회 안에서 그리스도인들에게만 설교하는 데는 관심 없다. 예수님을 모르는 사람들이 살고 있는 도시들 전체가 내 목표다. 언젠가 오리건 포트랜드의 한 수련회에서 프랭크 다마지오(Frank Damazio)의 메시지를 듣고 있던 중, 그가 한 말이 즉각 내 관심을 끌었다. 포트랜드 지역의 목사들이 연합하여 그 지역과 도시의 반경 둘레 전략적 지점들에 그리고 모든 주요 교차로에 말뚝을 박았다는 것이었다. 영적 선포와 경계선의 물리적 상징인 말뚝을 박으며 기도했다고 했다.

나는 성령의 감화를 느껴 이렇게 말했다. "프랭크, 내게도 말뚝을 준다면 하나님께서 부르시는 도시로 가서 그곳 목사들을 도와 하나님의 영토에 말뚝을 박도록 하겠습니다." 그리고는 하나님께 기도로 구하기 시작했다. "주님, 여기서 주님께서 하고 계신 일을 제가 이해할 수 있도록 전례를 보여 주십시오. 그러면 왜 주님께서 제 마음에 이런 부담을 주시는지 알 수 있을 것입니다."

묘하게도 주님이 주신 그 부담은 나중에 캘리포니아에서 구체적으로 임했다. 캘리포니아가 대대적인 금광의 땅임이 떠올랐다. 금광 시굴자들은 금이 있다고 생각되는 지점을 발견하면 그곳에 말뚝을 박아 권리를 주장하곤 했다. 어떤 지역은 단순히 땅속에 묻힌 것 때문에 다른 지역보다 가치가 더 나간다.

당시에 토지에 대한 권리를 주장하려면 땅속에 말뚝을 박아 소유권을 확보해야 했다. 말뚝에는 본인의 이름과 권리를 주장하는 영역이 대충 표시돼 있었다. 나중에 토지를 정식으로 측량하기 전까지는 이 말뚝이 훌륭한 땅문서 역할을 했다.

누군가 내 권리에 이의를 제기하면, 나는 아직 채굴되기 전의 그 토지 구획으로 가 내 이름과 땅 크기가 대충 적힌 말뚝을 파 보여 주며 이렇게 말하면 됐다. "보시오. 법적으로 이미 내 것이오. 지금 소유권 등기가 진행 중이지만 이 말뚝은 이 땅이 이미 법적으로 내 소유라는

> 그리스도의 몸된 교회 안에서 뭔가가 벌어지고 있다. 케케묵은 종교적 게임에 시들해지는 사람들이 갈수록 많아지고 있다. 뭔가 전사의 정신 같은 것, 즉 영원하신 분의 이름으로 영토를 정복하려는 열망이 우리 안에 일고 있다.

증거요."

도시나 지역에 뿌리내린 목사들과 성도들은 하나님께 받은 '법적 권리'가 있다. 왕 되신 그분을 위해 사방에 '말뚝을 박고' 그 도시를 내 것으로 주장할 권리가 있다. 지금까지 우리 중 많은 사람이 집회실과 교회 건물의 벽 안에 신앙을 가둬 두는 것에 만족해 왔다.

이제 하나님은 신앙의 반경을 도시와 국가의 경계선까지 넓히도록 우리를 부르고 계신다. 사실 우리가 도시에 말뚝을 박는 것은 영적 교회당의 '벽'을 넓히는 것이다. 그럴 때 우리는 해당 도시에서 '한 교회' 의식을 갖게 될 수밖에 없다. 비록 많은 교회로 구성됐을지라도 초대교회의 '한 도시 한 교회' 패턴을 따라 하나님의 한 백성이 되는 것이다.

우리는 실제로 나무 말뚝을 만들었다. 말뚝 사면에는 성경 구절과 함께 '갱신, 부흥, 화해'라는 단어를 써 넣었다. 말뚝 중간에 구멍을 뚫은 뒤 선언문을 둘둘 말아 그 안에 끼웠다. 말뚝과 선언문에는 총 20여 개의 성경 구절이 나오는데 그중 하나는 이사야 62장 말씀이다.

여호와께서 땅 끝까지 반포하시되 너희는 딸 시온에게 이르라 보라 네 구원이 임하느니라 보라 상급이 그에게 있고 보응이 그 앞에 있느니라 하셨느니라 사람들이 너를 일컬어 거룩한 백성이라 여호와의 구속하신 자라 하겠고 또 너를 일컬어 찾은 바 된 자요 버리지 아니한 성읍이라 하리라(사 62:11-12).

회개하고 간구하고 대적한다

도시들에 박은 모든 말뚝에는 선언문이 들어 있는데, 그 선언문에는 해당 도시의 대표자들이 작성한 이런 선포가 적혀 있다.

"성경을 근거로 나는 이 도시의 지도자들을 대신하고 도시 내 모든 목사들을 대표하여 다음 세 가지, 즉 회개하고 간구하고 대적하는 일을 행한다.

우리는 회개한다. 우리는 이 주와 이 지역, 구체적으로 이 도시에서 행해진 모든 죄에 대해 주님께 용서를 구한다. 정치적 부패, 인종적 편견, 도덕적 타락, 복술과 이단과 우상 숭배 등의 죄에 용서를 구한다. 우리는 무고한 피를 흘린 죄에서 우리 손을 깨끗케 해 주실 것을 기도한다. 교회의 분열, 교만, 비방 등, 그리스도의 일을 해친 모든 행위에 용서를 구한다. 우리는 겸손히 낮아져 회개하며 주님께서 우리 나라, 지역 사회, 교회들에 자비를 베풀어 주시기를 기도한다.

우리는 간구한다. 우리는 이 도시에 하나님의 나라가 임하고 그분의 뜻이 이루어지기를 기도한다. 은혜와 자비의 불을 내려 주시기를 구한다. 참된 영적 부흥이 지역 사회를 덮어 사람들을 하나님께 돌아오게 하고 정결하고 겸손하게 하기를 기도한다. 우리는 이 도시의 운명이 다하지 않기를 기도한다. 주님께서 이 도시와 우리 교회들과 가정들에 친히 와 주시기를, 이 도시를 그냥 지나치시지 않기를 기도한다. 우리는 이 도시에 정의의 기초가 회복되기를 기도한다.

우리는 또한 대적한다. 하나님께 대한 내 헌신과 믿음으로 나는 이 도시를 붙잡고 있는 사탄과 그의 역사와 모든 악한 세력과 힘을 대적한다. 우리는 이 도시에 요새를 구축해 온 악한 영, 숨은 어둠의 역사,

적이 진치고 있는 은밀한 곳들을 대적한다. 우리는 예수님의 이름으로 모든 적의 요새를 격파한다. 오늘 우리는 이 도시 특히 이 지역이 성령의 권세와 소유권 아래 있음을 선포한다. 이에 모든 다른 영들에게 이것을 통고하며 그들을 예수님 이름의 능력으로 이 영토에서 축출한다. 오늘 우리는 적을 몸소 막아내며 이 도시 둘레에 보호의 울타리를 두른다."

실제로 부동산을 매입하려면 먼저 측량(말뚝 박기)해야 한다. 그리고 그 땅을 소유하기 위해 값을 치를 용의가 있는지 결정해야 한다. 하나님의 백성인 우리가 자신이 살고 있는 도시에 말뚝을 박는다는 것은, 사탄에 대한 선전포고다. 우리의 행위는 변명이나 망설임이 없는 노골적이고 대담한 공격 행위다. 사탄에게 이렇게 말하는 것이다. "우리는 하나님 앞에서 이렇게 선포했다. 이제 너한테 통고한다. '이 도시는 우리가 접수한다!'"

주님이 이때 '옛 우물'에 대한 말씀을 내게 주셨다. 오래된 주류 교단과 교회들은 물론 도시에도 그대로 적용되는 말씀이다. 새 우물이 터지기 전에 하나님은 먼저 옛 우물들을 다시 파거나 여실 것이다. 창세기 26장에 보면 이삭이 종들을 시켜 우물들을 다시 파는 것을 볼 수 있다. 그 우물들은 본래 그의 아버지 아브라함이 오래 전에 그랄 계곡에 파 두었던 것들이다. 아브라함이 죽은 후 아버지의 적들이 우물을 메웠지만 이삭은 여전히 그 우물들을 본래의 이름으로 불렀다. 그곳에는 물이 풍부해 이삭은 블레셋 침입자들과 늘 싸워야 했고, 그러다 마침내 그는 브엘세바 즉 '맹세의 우물'로 이주한다. 그곳은 야곱이 살아계신 하나님을 만나 하나님의 계획 가운데 자신의 참 장자권을 발견한 곳이다(창 28:10-16 참조).

오늘 하나님은 부흥의 옛 우물들을 다시 열고 계신다. 고여 있는 물웅덩이처럼 그분의 영광이 머물고 있는 곳들이다. 사람들은 우물에 와서 채움 받아야 한다. 그것이 하나님이 정하신 방식이다.

새 우물들을 터뜨리시기 전 하나님은 옛 우물들을 다시 파실 것이다.[1] 이 책을 쓰기 전 해에 주님이 내 심령에 이렇게 말씀하셨다. "내가 역사적 부흥의 장소들을 다시 찾아가 내 백성에게 다시 기회를 주겠다. 그들을 불러 옛 우물들의 잔해를 파내게 하겠다. 옛 부흥의 기초 위에 새 부흥이 시작되도록 말이다."

간단히 말해, 상점가에 참 부흥이 터지기 전에 먼저 우리들의 교회 강단에서 터져야 하고 다음 교회 뒷좌석에서 터져야 한다. 그럴 때 주님의 영광은 문지방 밑으로 스며 나와 거리거리로 흘러 갈 수 있다. 에스겔 47장의 예언을 성취하면서 말이다.

그가 나를 데리고 전 문에 이르시니 전의 전면이 동을 향하였는데 그 문지방 밑에서 물이 나와서 동으로 흐르다가 전 우편 제단 남편으로 흘러내리더라 그가 또 나를 데리고 북문으로 나가서 바깥 길로 말미암아 꺾어 동향한 바깥문에 이르시기로 본즉 물이 그 우편에서 스미어 나오더라

그 사람이 손에 줄을 잡고 동으로 나아가며 일천 척을 척량한 후에 나로 그 물을 건너게 하시니 물이 발목에 오르더니 다시 일천 척을 척량하고 나로 물을 건너게 하시니 물이 무릎에 오르고 다시 일천 척을 척량하고 나로 물을 건너게 하시니 물이 허리에 오르고 다시 일천 척을 척량하시니 물이 내가 건너지 못할 강이 된지라 그 물이 창일하여 헤엄할 물이요 사람이 능히 건너지 못할 강이더라…이 강물이 이르는 곳마다 번성하는 모든 생물이 살고 또 고기가 심히 많으리니 이 물이 흘러들어 가므로 바닷물

---

1. Lou Engle, *Digging the Wells of Revival* (Shippensburg, PA: Destiny Image, 1998) 참조, '우물을 다시 파는 것'을 주제로 중보기도의 모든 것을 잘 다룬 책이다.

> 도시나 지역에 뿌리내린 목사들과 성도들은 하나님께 받은 '법적 권리'가 있다. 왕 되신 그분을 위해 사방에 '말뚝을 박고' 그 도시를 내 것으로 주장할 권리가 있다. 우리가 도시에 말뚝 박는 것은 영적 교회당의 '벽'을 넓히는 것이다.

이 소성함을 얻겠고 이 강이 이르는 각처에 모든 것이 살 것이며…강 좌우 가에는 각종 먹을 실과나무가 자라서 그 잎이 시들지 아니하며 실과가 끊치지 아니하고 달마다 새 실과를 맺으리니 그 물이 성소로 말미암아 나옴이라 그 실과는 먹을 만하고 그 잎사귀는 약 재료가 되리라(겔 47:1-5,9,12).

하나님의 성소에서 흘러나오는 하나님 임재의 강이 선지자가 멀리 갈수록 더 깊어진다니, 아이러니가 아닌가? 결국 에스겔은 물이 자기 키보다 깊어 바닥이 닿지 않는 지점에 이르게 된다. 그는 속수무책이었다. 나도 '속수무책'의 부흥을 보고 싶다! 강물의 가장 얕은 지점이 교회 건물이 돼야 한다!

영광의 다음 물결

나는 일부 도시들 즉 역사적 부흥의 장소들이 하나님 기름부음의 옛 우물들이라 믿는다. 하나님은 그 우물들을 다시 파라고 그 도시들의 목사들과 성도들을 부르고 계신다. 불행히도 옛 우물을 다시 파는 일은 기분 좋은 작업이 아니다. 내 친구 목사 하나가 인도에 땅을 샀을 때 일이다. 그는 그 땅이 옛 우물터라는 말을 들었다. 일반적인 '수직' 우물이 아니라 산비탈에 비스듬히 수평으로 파진 우물이었다.

사역자들이 잔해를 파내기 시작하자, 잡초와 수풀이 무성한 둔덕 밑에서 낡은 기계류며 내버린 가구며 오래된 쓰레기더미가 나왔다. 그뿐 아니었다. 버려진 우물 속에는 수백 마리의 코브라가 살고 있었다. 그들은 그 뱀들을 치워야 했다. 내 친구는 내게 이렇게 말했다. "우리는 그 옛 우물을 깨끗이 치운 뒤 잠자리에 들었네. 이튿날 일어났을 때 우리는 물이 고여 있는 웅덩이가 우리를 기다리고 있으려니 했지. 그런데 가 보니 우물 속에서 물이 거품처럼 솟아나 힘차게 흘러 밤새 시내가 하나 생겨났지 뭔가!"

하나님이 영광의 지하수 우물들을 터뜨리실 때 다음 물결이 밀려올 것이다! 중동 사막의 많은 우물은 '고여 있는 물웅덩이'다. 천연 웅덩이에서 물이 충분히 새어나와 사막의 열기 속에서도 웅덩이는 거의 항상 물로 가득 차 있다. 사막에 살고 있는 거의 모든 생물은 생명의 물을 얻고자 오아시스 즉 고여 있는 물웅덩이로 온다. 지난 몇 년간 하나님이 자신의 임재가 고여 있는 곳곳의 물웅덩이를 열어 주셔서, 수백만의 목마른 신자들과 구원받지 못한 사람들이 생명을 얻었다. 그러나 그들은 우물까지 가야 한다. 여기 순례의 잊혀진 힘이 있다.

이제 하나님은 기름부음의 새로운 단계 혹은 새로운 물결을 트려하고 계신다. 이 새 우물들은 힘차게 펑펑 솟아나는 지하수 우물이라는 점에서 고여 있는 옛 웅덩이 우물과 다르다. 웹스터 사전에 따르면 '지하수 우물'이란 '물이 나올 때까지 땅속을 파고 들어간 우물 즉 깊이 굴착된 우물로 지하의 압력에 못 이겨 물이 분수처럼 솟아난다'[2]고 돼 있다. 하나님 영광의 이 새로운 물결 내지 새로운 차원은 '내면이 깊이 굴착된' 하나님 임재의 사람들한테서만 올 것이다. 그것은 세상

---

2. *Webster's Ninth New Collegiate Dictionary* (Springfield, MA: Merriam-Webster, Inc., 1988), 105.

에 힘차게 펑펑 솟아날 것이다. 그리하여 생명을 주시는 그분의 임재는 모든 장벽과 장애물을 뛰어넘어 각 도시와 나라의 갈급한 거리거리로 흘러갈 것이다. 그렇게 그분의 영광은 '온 땅에 충만케' 될 것이다(사 6:3, 합 2:14 참조). 깊은 샘들이 터질 것이다!

지하수 우물의 경우 사람이 물 옆으로 갈 필요가 없다. 물이 내게로 온다! 물이란 언제나 낮은 지면과 마찰이 적은 길로 흐른다는 사실을 감안할 때 우리는 '하나님 영광의 광채시요 그 본체의 형상'(히 1:3)이신 예수님이 "가난한 자에게 복음이 전파된다"(마 11:5 참고)고 말씀하신 까닭을 쉽게 알 수 있다. 하나님의 영광은 언제나 인생의 빈자리를 채우려 한다. 때가 되면 가장 뜻밖의 장소들과 사람들이 하나님의 영광을 발할 것이며, 그 영광은 마음이 가장 낮고 열려 있는 사람들에게 흘러 가 그들을 채울 것이다. 그리고 그분 홀로 영광을 거두실 것이다.

나는 캘리포니아 남부의 좀처럼 보기 힘든 폭우를 통해 영광에 대해 말씀하시는 주님의 음성을 들었다. 루이지애나에서 태어나 자란 나는 비 오는 날들에 익숙하다. 밤낮없이 며칠씩 비가 그치지 않을 때도 많다. 그래도 다들 그러려니 한다. 그러나 캘리포니아 남부에 비가 내리면 사람들은 주목한다. 특별히 그날은 뭔가 이상한 일이 벌어지고 있었다. 캘리포니아에 루이지애나에서와 같은 뇌우가 몰아친 것이다. 거의 아열대성 폭우였다. 루이지애나 사람들은 비에 익숙하다 보니 늘 대비하며 산다. 도랑과 보조 다리, 폭우를 처리할 하수구가 미리 완비돼 있다. 그러니 언제 비가 쏟아져도 끄떡없다.

그러나 로스앤젤레스 지역은 높은 강수량에 익숙하지 않다. 비가 내리기 시작했을 때 나는 커피숍에 있었다. 20분쯤 지나자 비가 멎지 않으리라는 생각이 들었고 나는 차를 주차해 둔 거리로 나갔다. 빗물이 인도 위로 넘치고 있었고 차도에는 벌써 거의 무릎 높이까지 차 있었다. 수위가 더 높아지기 전에 차를 빼기 위해 나는 물 속을 걸어야 했다. 불과 20분 만의 일이었다! 차를 타고 나오면서 나는 혼잣말했다. "여기는 빗물 하수구가 없는 모양이야. 루이지애나에서는 빗물이 어디로 빠지는지 모르겠지만, 이렇게 순식간에 거리가 물에 잠기는 일은 절대 없지."

빗속을 걸어 호텔 방으로 돌아가면서 나는 갑자기 하나님의 임재가 느껴져 울음이 터져 나왔다. 눈물과 빗물이 섞이는 중에 주님이 내 심령에 말씀하시는 것이 느껴졌다. "자연의 비에 준비돼 있지 않은 것처럼 이들은 성령의 비에도 준비돼 있지 않다. 내가 그들에게 갑자기 임할 것이다."

그날 밤 집회를 준비하면서 나는 현지 뉴스를 들었다. 로스앤젤레스의 일기예보 아나운서가 한 말이 예언처럼 내 마음에 와 박혔다. 그는 말했다. "폭우는 이번이 마지막이 아닙니다. 파도처럼 겹겹이 태평양에서 몰려올 것입니다." 이어 그는 파도처럼 밀려오는 이 비의 원인이 엘니뇨라고 설명했다. 스페인어로 엘니뇨(El Nino)란 '그 아기'라는 뜻으로 베들레헴의 아기를 지칭하는 말로 사용된다! 그 일기예보 아나운서는 자기가 예언하는지 몰랐겠지만, 실은 지구를 휩쓸 영광의 물결의 근원이신 '그리스도 아기'에 대해 말하고 있었다.

그 순간 나는 가슴이 터질 듯 해서 이렇게 고백했다. "예, 주님! 글자 그대로 모든 것이 침수될 때까지 주님의 영광의 파도를 계속 보내소서! 주님께로부터 오지 않은 모든 것은 하수구로 쓸려가게 하소서. 예수님, 비를 내리소서! 통치하소서!"

나는 강도나 긴박성을 말로 표현할 수 없을 정도로 영광의 폭우에 갈급해 있다. 그래서 기도한다.

"주님, 비를 내리소서! 사탄도 이번에는 영광의 폭우를 빠져나가게 할 하수구가 부족할 것입니다. 수위가 너무 높아 모든 사람이 물에 동동 떠다닐 것입니다. 하나님 영광의 거대한 물결에 속수무책 휩쓸릴 것입니다. 비를 내리소서, 주님!"

깊은 샘들을 터뜨려라. 옛 우물들을 열어라. 당신의 유산을 다시 주장하라. 도시에 말뚝을 박아라! 온 땅은 주의 것이다!
그분은 전에도 하셨으니 지금도 하실 수 있다!
주여, 비를 내리소서.

하나님 임재의 원리 7

말뚝을 박고 우물을 판다

주님의 땅인 도시들을 회복하라.
그곳의 옛 우물들을 터뜨려 물이 솟구치게 하라.
영광의 새 물결을 일으켜야 한다.
그 거대한 물결에 사람들은 휩쓸릴 것이다.

8 영향을 미치라

하나님 임재의 향기만으로도 주변은 변화된다

우리는 수없이 묻는다. "왜 나는 친구들을 주님께 인도할 수 없는 거지? 우리 식구들은 왜 하나님한테 관심이 없어 보이는 걸까?" 이에 대한 직선적인 답을 듣는다면 아마 충격에 빠질 것이다. 하지만 진리란 아픔을 수반하는 법이다. 우리가 아는 사람들이 하나님께 관심이 없는 이유는 우리 삶에 하나님의 임재가 충분치 않기 때문일 수 있다. 하나님의 임재에는 모든 것을 부스러뜨리는 뭔가가 있다. 그것이 없이는 우리도 주변의 다른 사람들처럼 무미건조하고 생기 없는 사람에 지나지 않는다. 그분의 임재가 없다면 우리는 주변 사람들에게 또 하나의 있으나마나한 사람일 뿐이다.

나는 주변의 잃은 영혼들에게 '또 하나의 있으나마나한 사람'으로 살아가는 데 지쳤다. 그래서 나는 결단했다. 뜻을 정하고 마음을 굳혀 이렇게 선포했다. "나는 평생 하나님의 임재를 구하리라. 내가 세상의 공공장소에 들어서면 사람들이 그분을 만날 수밖에 없을 정도로 하나님께 가까워지리라." 그들은 내가 그곳에 있는지는 모를지라도 그분이 계시다는 것만은 확실히 알게 될 것이다. 내가 비행기 좌석에 앉으면 굳이 어떤 말을 하지 않아도 하나님과 관계가 바르지 못한 주변 사람들이 불편해질 정도로 그렇게 하나님의 임재에 푹 젖고 싶다. 그들을 정죄하거나 죄를 파헤치겠다는 것이 아니다. 그저 아버지의 향기를 지니고 싶을 뿐이다.

우리는 각종 전도 프로그램을 알고 있다. 예를 들면 가정 방문을 하거나 전도지를 돌리거나 기타 교회 프로그램을 통해 잃은 영혼에게 다가가는 것 등이다. 그러나 내가 말하려는 것은 많은 사람들이 이해하지 못하고 또 별로 실천하지 않는 전도 형태다. 나는 그것을 '임재전도(presence evangelism)'라 한다. 사람들이 눈으로 보면서 "저들은 예수와 함께 있다"(행 4:13 참조)고 말하게 되는 전도다. 즉 우리에게 머무는 하나님의 잔영과 명백한 임재가 자연스럽게 주변 사람들에게 영향을 미치게 되는 것이다.

마가복음에 보면 예수님이 심한 풍랑 중에 바다와 바람을 꾸짖으심으로써 제자들을 놀라게 하셨다. 그 후 그들은 '거라사인의 지방'에 이르렀다(막 4:35-5:1 참조). 나는 그날 벌어진 일이 우리 시대에도 일어나기를 기도한다. 예수님의 발바닥이 거라사의 모래 해변에 닿자 그곳에 있던 귀신 들린 사람이 갑자기, 난생처음, 귀신들의 숨 막히는 손아귀에서 벗어났다. 왜? 어떻게 알 수 있는가? 마가는 귀신들린 사람이 예수님을 보고 달려와 경배했다고 말한다. 정확히 그 순간까지 귀신들은 사사건건 그에게 어디로 가서 무엇을 할지 지시했었다. 그는 자신의 행동을 제어할 수 없었다. 귀신들이 제 몸을 해하도록 시켜도 별 수 없었다.

그렇다면 그 모든 변화는 어디서 온 것인가? 그 순간 그 사람의 정신과 신체 기능을 악귀의 손아귀에서 떼어 낸 것은 무엇인가? 그날 있었던 일은 이것이다. 아버지가 집에 돌아오신 것!

오늘 우리에게 필요한 것이 그것이다. 하나님의 발바닥이 이 땅에 딱 닿는 순간 우리는 그 발소리를 들어야 한다. 그렇게만 되면 우리는 조그만 귀신들한테 굳이 나가라고 명할 필요도 없다.

그들의 우두머리에게 성경구절을 외쳐 대거나 귀신의 요새를 애써 허물어 내릴 필요도 없다. 하나님의 명백한 임재 목적은, 누가복음 4장 18절 말씀 - "가난한 자에게 복음을 전하게 하시려고 내게 기름을 부으시고 나를 보내사 포로된 자에게 자유를 눈먼 자에게 다시 보게 함을 전파하며 눌린 자를 자유케 하고" - 을 성취하는 것이다. 그분은 나사렛에서 시작하실 수 없었던 일을 끝마치기 원하신다. 그때 그분은 "이 글이 오늘날 너희 귀에 응하였느니라"(눅 4:21)고 말씀하셨다. 다시 한번 주님께 간구하라.

"주님, 우리는 주님을 보기 원합니다! 저희는 주일학교 아이들처럼 주님에 대해 말만 하는 것에 지쳤습니다. 주님, 언제 오시렵니까?"

이사야 6장의 강림이 오늘 곳곳의 교회에도 있기를 나는 기도한다. 어느 도시고 전능하신 하나님이 한 발짝만 내딛으시면 수십 년, 수백 년간 지배해 온 귀신의 사슬이 끊어지기 때문이다. 우리도 이사야 선지자와 함께 "여호와를 뵈었다"고 고백할 수 있기를 기도한다. 나는 교회에 집단적 돌파구가 있기를 기도하지만 먼저 하나님이 우리 각자의 삶에 개별적 돌파구를 주시기를 기도한다. "주님, 저희는 그저 축복을 받기 위해 주님께 오는 것이 아닙니다. 우리는 복 주시는 분을 구합니다." 우리는 돌파구가 필요하다. 경고하건대 당신은 언젠가 깨어질 것이다. 그래야 돌파구가 열린다. 원리상 그렇게 돼 있다.

기회 있을 때마다 주님의 임재 안에 머물며 거기에 젖어들기를 권

> 아버지가 내려와 그분의 명백한 임재로 이 땅을 한번만 만지신다면, 그분의 눈에서 흐른 눈물이 한 방울만 떨어진다면, 그로 인한 영광의 홍수가 온 땅에 부흥을 일으켜 귀신들은 달아나고 죄인들은 무릎 꿇을 것이다!

하고 싶다. 그분께 가까이 갈 때는 급히 서두르지 말라. 그저 그것이 당신의 최우선순위임을, 그래야 함을 인식하라. 하나님이 당신의 심령과 삶 속에 깊이 들어오셔서 작업하실 수 있게 해드려라. 그래야 하나님이 당신의 삶 속에 깊은 우물을 파실 수 있고, 그 우물이 그분의 임재 안에서 능력과 영광의 원천이 된다. 그분 임재의 목적은 포로들에게 해방을, 자녀들에게 승리를 주는 것이다.

아빠가 집에 오면 싸움이 끝난다

오랜 세월 우리는 사탄과 그리고 그와 함께하는 나쁜 것과 영적 싸움을 벌여 왔다. 그들은 말투가 거칠고 막대기와 돌을 사용할 때도 있다. 그러나 이제 우리는 아버지를 불러 이 동네 싸움이 달라지는 모습을 지켜볼 때다. 내 속의 모든 믿음으로 말하거니와 만일 우리의 하늘 아버지가 내려와 그분의 명백한 임재로 이 땅을 한번만 만지신다면, 그분의 눈에서 흐른 눈물이 로스앤젤레스와 뉴욕, 시카고 같은 도시에 한 방울만 떨어진다면, 그렇다면 그로 인한 영광의 홍수가 온 땅에 부흥을 일으켜 귀신들은 달아나고 죄인들은 무릎 꿇을 것이다! 간절히 외치라. "예수님, 우리를 도우소서. 아버지, 오소서! 아바 아버지여, 우리에게 주님이 필요합니다!"

결론은 이것이다. 아버지가 현장에 오시는 것을 정말 간절히 보고 싶다면 당신은 한 가지 사실을 알아야 한다. 그분의 '혜택'은 그만 구해야 한다는 것. 그분께 이것 해 달라 저것 해 달라 말하기를 멈춰야 한다. 우리는 '교회'를 대형 '축복 클럽'으로 바꿔 놓았다. 얼토당토 않게 이름만 교회일 뿐 실은 갖가지 축복을 신청하는 장소가 돼 버렸다. 우리가 더 이상 축복을 구할 필요가 있는지 나는 잘 모르겠다. 이스라엘 백성들이 하나님의 얼굴을 피해 달아난 후 장구한 세월 동안 한 일이 바로 그것이다. 우리는 깨어진 심령과 회개를 구해야 한다. 말뿐 아니라 행동으로 이렇게 고백해야 한다. "하나님, 우리는 주님을 원합니다. 주님께서 어떤 일을 하시든 안 하시든 그것은 상관없습니다. 우리는 기어서 제단에 올라갑니다. 마침내 주님의 얼굴을 볼 수 있도록 주님의 불을 내려 정결케 하소서."

우리는 왜 이 모든 과정을 통과해야 할까? 내가 생각할 수 있는 이유가 적어도 두 가지 있다. 우선 첫째로, 하나님의 영광을 본다는 것은 인생을 바꿔 놓는 체험이다. 그것은 인간이 체험할 수 있는 일들 중 가장 지속력이 강한 것이다. 유일한 부작용은 육체의 죽음이다. 두 번째 이유는 이것이다. 하나님의 임재가 우리 삶 속에 나타나는 참 목적은 전도다. 우리가 가정과 직장에 하나님 영광의 잔영을 품고 갈 수 있다면, 남은 임재의 희미한 불빛이나마 미지근한 교회들에 가지고 갈 수 있다면, 굳이 사람들한테 회개하며 주님께 나오라고 애원할 필요가 없다.

하나님의 영광이 그들의 굴레를 깨뜨리면 그들은 제단으로 달려오게 돼 있다. 다른 방법으로는 올 수 없다. 그 누구도 예수님을 통한 회개와 구원 외에 다른 방법으로는 아버지께 올 수 없다. 소위 '구원의 길'이라 말하는 그밖의 모든 길에는 절도범이나 강도가 있을 거 같다.

우리는 사람들이 고통 없는 값싼 은혜와 손해 없는 부흥을 통해 하나님께 올 수 있도록 하기 위해 길을 닦아 주려 했다. 주님도 그것을 아신다. 그러나 결국 우리한테 남은 거라곤 일주일도 채 못 가는 얄팍한 싸구려 구원이었다. 왜 그럴까? 사람들에게 정말 필요한 것은 죽음을 통한 하나님 영광과 임재와의 만남이건만, 우리가 그들에게 준 것은 고작 인간과의 감정적 만남이었기 때문이다. 지금부터 우리의 기도는 이래야 한다.

"아버지. 우리의 삶과 교회에 변화가 있기를 원합니다. 그래야 우리 도시에 변화를 가져올 수 있습니다. 우리에게 주님을 간절히 좇는 심령과 열정을 주소서. 그리하여 주님의 영광이 우리로부터 흘러나와 잃은 영혼들의 양심을 일깨우고 구원하게 하소서. 찰스 피니가 공장에 들어가면 한마디 말이나 설교가 없어도 직원들이 주님의 영광 앞에 엎드러져 소리치며 용서를 구했습니다. 그를 통해 하셨던 것처럼 우리를 통해서도 주님의 임재를 드러내소서. 우리 삶 속에 머무는 주님의 그림자로 인해 우리가 길거리에서 만나는 병자들이 고침 받고 저는 자들이 회복되게 하소서.

구원받지 못한 이들이 회개의 심령 없이는 우리 집에 들어오거나 우리 주변에 머물 수 없을 만큼 주님의 임재로 우리를 흠뻑 적셔 주소서. 주님의 영광이 그들의 죄를 깨우쳐 구원에 이르게 하소서. 우리의 말 때문이 아니라 우리 심령에 거하시는 주님의 임재와 능력 때문에 그렇게 되게 하소서."

솔직히 나는 뉴헤브리디스에서 있었던 것과 똑같은 부흥을 꿈꾼다. 그 지역에서 밤마다 부흥집회를 인도하고 있던 던컨 캠벨(Duncan

Campbell; 1898-1972, 스코틀랜드 출생의 복음 전도자)에게 관리들이 사람을 보냈다. 그들은 이 전도자에게 이렇게 말했다. "경찰서로 좀 와 주시겠습니까? 거기 사람들이 잔뜩 모여 있는데 우리는 뭔가 문제인지 모르겠습니다. 당신이라면 알 것 같아서요." 이것은 실화다!

그가 새벽 4시에 관리들과 함께 마을을 가로질러 경찰서로 가는데 마치 온 마을에 역병이 내린 것 같았다고 한다. 사람들이 건초더미와 문 뒤에서 기도하며 울부짖고 있었다. 남자들은 길모퉁이에 무릎 꿇고 있었고 여자들과 아이들은 잠옷 바람으로 문간에 서로 엉겨 붙어 엉엉 울고 있었다.

이윽고 전도자가 경찰서에 이르자 수많은 사람들이 울며 경찰들에게 묻고 있었다. "우리의 잘못이 뭐냐?" 그들은 하나님에 대해 워낙 아는 것이 없어서 그 일이 하나님의 역사임을 전혀 몰랐던 것이다! 뭔가 잘못되었다는 것을 깨닫고 양심에 가책을 느꼈을 뿐이다. 그들이 고작 할 수 있었던 일은 경찰서에 가 "뭔가 잘못됐다"고 고백하는 것이었다. 잘못이란 그들의 심령에 죄가 있다는 것이었다. 하나님의 깨우치심이 홀연히 그들에게 임했던 것이다. 이들이 경찰서에 몰려들었을 때 경찰들은 뭐라고 답해야 할지 몰랐다. 전도자는 이른 새벽 경찰서 계단에 서서 예수 그리스도를 통한 회개와 구원의 복음을 간략히 전했다. 그러자 참 부흥이 그곳에 임했다. 이것이 내가 말하는 부흥이다. 모든 교회의 자원과 인력을 순식간에 압도하고도 남을 부흥이다.

굶주린 영혼, 말라 비틀어진 빵

솔직히 우리는 현 상태로는 그런 영혼의 추수를 감당하거나 소화할

> 이런 초자연적인 일이 우리에게도 일어날 것이다. 단 방법은 하나뿐이다. 제사장과 섬기는 자들이 "백성들을 살려 주소서"라고 부르짖어야 한다. 하나님의 영광은 우리가 상한 심령으로 회개하며 무릎 꿇을 때만 임한다.

수 없다. 앞서 2장에서도 언급했듯이, 우리 진열장에는 굶주린 무리를 먹일 만한 하나님 임재의 신선한 빵이 없기 때문이다! 이렇게 말하면 마음에 거슬릴 사람들도 있겠지만, 나는 교회의 '개점 휴업, 시간제 영업'과 같은 사고방식에 문제를 느낀다.

오늘날 도시들에는 모퉁이마다 작은 편의점이 있어, 하루 24시간 문을 열고 대중의 상품 수요를 채워 주고 있다. 반면 대다수 교회들은 하나님에 대한 사람들의 갈급함을 채워 준답시고 일주일에 단 하루, 일요일 아침 2시간만 문을 여니 어찌된 일인가! 왜 교회는 매일 밤낮으로 열려 있지 않은가? 우리는 굶주린 자들에게 생명의 빵을 공급해야 할 자들이 아닌가? 뭔가 대단히 잘못됐다. 문제는 하나님을 향한 이 세대의 갈급함에 있지 않다. 그들은 이미 갈급해 있다. 그러나 그들은 과거의 체험에서 남은 말라 비틀어진 빵과 참된 하나님 임재의 갓 구운 빵을 구별할 만큼 똑똑하다. 다시 한번 우리는 다음의 결론을 피할 수 없다. 굶주린 사람들이 교회 문을 두드리지 않는 이유는 빵집이 텅 비어 있기 때문이다!

세계 50대 대형교회 중 미국 교회가 하나도 없다는 것은 흥미로운 사실이다. 사람들은 말할 것이다. "어떻게 그럴 수 있는가? 우리는 200년 넘도록 전 세계에 선교사를 파송하지 않았던가?" 다시 한번 말하지만, 굶주린 자들에게 필요한 것은 지난 세기의 연습 식사에서 떨어뜨린 말라 비틀어진 부스러기가 아니라 갓 구운 풍성한 빵이다.

교인 칠천 명인 교회에서 목회하고 있는 내 친구가 있다. 셀 그룹에 기초한 그의 교회는 단연 미국 최고의 모델 교회다. 그러나 그는 최근 해외 수련회에 참석했다가 한 광경에 눈물 흘린 사연을 내게 들려줬다. "토미, 그 수련회에 내 마음을 치는 것이 있었네." 수련회 순서 중에 교인이 십만 명 이상되는 교회 목사들을 대상으로 한 워크숍이 있었다고 한다. 그는 말했다. "참을 수 없었네. 그래서 문을 열고 그 모임 장소에 고개를 들이밀었지. 과연 온 사람이 있을까 보려고 말일세. 방에 20-30명 정도의 사람들이 있더군. 내가 들어갈 수 없다는 사실이 마음에 부담으로 다가왔네."

친구는 눈물을 글썽이며 말을 이었다. "토미, 그때 퍼뜩 알았다네. 그 방에 미국인은 한 명도 없다는 걸 말일세." 미국에서 그는 꽤 성공한 사람이었다. 그 도시의 사십만 사람들에게 큰 영향을 미쳐 왔지만 그는 그 이상을 원한다. 그렇다고 그가 머릿수를 세고 숫자를 좇는 사람은 아니다. 주일 아침 예배의 참석자 수를 자랑하는 다른 목사들과 경쟁이나 일삼는 사람이 아니다. 그는 하나님을 좇는 자요 영혼을 구하는 자다. 그의 눈물은 시샘의 눈물이 아니라 애통의 눈물이었다. 지금은 하나님의 사람들이 그분을 애타게 갈급해할 때다. 부흥의 불꽃이 거리로 퍼져 나가려면 먼저 교회에 불붙어야 하기 때문이다. 나는 하나님의 일을 사람의 손으로 이루려 하는 데 지쳤다. 국가적 부흥을 위해 우리에게 필요한 것은 한 가지, 오직 한 가지뿐이다. 하나님이 임하셔야 한다.

자신이 사는 지역의 고등학교 수업이 기도회로 바뀌기 원한다면 자기 자신부터 하나님이 임하시는 것을 경험해야 한다. 나는 지금 신학적, 이론적 현상을 말하는 것이 아니다. 그리스도인들이 식당에 가서 조심해야 할 정도로, 하나님의 영광이 교회들에 차고 넘치던 때가 있었다. 식전에 고개 숙여 기도만 했는데도 눈을 뜨고 보면 식당 직원들과 다른 고객들이 주변에 모여 걷잡을 수 없이 울며 말했던 것이다. "당신한테 뭔가가 있습니다. 무엇입니까?"

하나님이 휴스턴에 임하신 그때 내 아내는 한 가게에서 물건 값을 내려고 줄 서 있었다. 한 여자가 아내의 어깨를 툭툭 쳤다. 아내가 돌아보니 생판 처음 보는 사람이 부끄럽지도 않은 듯 울고 있었다. 여자는 아내에게 말했다. "당신이 어디서 왔는지 난 몰라요. 당신이 뭘 가지고 있는지도 몰라요. 하지만 제 얘기를 해야겠어요. 제 남편은 변호사고 저는 지금 이혼 소송 중이에요." 그녀는 다른 문제들까지 주섬주섬 꺼낸 뒤 맨 나중에 이렇게 말했다. "그러니까 제가 진짜 하고 싶은 말은 저한테 하나님이 필요하다는 거지요."

아내는 주변을 돌아보며 말했다. "지금 여기서 말인가요?" 그녀는 대답했다. "지금 여기서요." 아내는 다시 묻지 않을 수 없었다. "줄 서 있는 사람들은 어쩌고요?" 그러자 여자는 갑자기 돌아서서 자기 뒤에 서 있던 다른 여자를 보고 말했다. "제가 지금 여기서 이 분과 기도해도 될까요?" 그런데 그 여자도 울고 있었다. 그녀는 "네. 저도 같이 하겠어요" 하고 말했다.

지름길은 없다

이런 초자연적인 일이 우리에게도 일어날 것이다. 단 방법은 하나뿐이다. 제사장과 섬기는 자들이 성전 입구와 제단 사이에서 울며 "백성들을 살려 주소서"라고 부르짖어야 한다. 그래야 그 일은 일어난다. 부흥이나 그분 임재의 강림에는 지름길이 없다. 하나님의 영광은 우리가 상한 심령으로 회개하며 무릎 꿇을 때만 임한다. 그분의 임재는 순결을 요하기 때문이다. 죽은 자들만이 하나님의 얼굴을 본다. 먼저 우리가 그 정도의 회개로 계속 살 각오가 없다면, 남들의 깊은 회개도 기대할 수 없다.

세상은 점잔빼는 교회들의 높은 연단에서 전해지는 통속적 설교를 듣는 데 지쳤다. 우리 자신의 문제가 뻔한데 무슨 권리로 우리가 다른 사람한테 회개를 명한단 말인가? '하나님의 교회'에서는 위선이 득세한 적이 한번도 없으나, '우리의 교회'에서는 위선이 주요 매력이 되었다. 우리가 해야 할 일은, 정직하게 나아와 고백하는 것이다. "그래, 우리는 문제가 있다. 그래, 나도 문제가 있다. 그러나 지금 나는 내 죄를 회개한다. 나와 함께 회개할 사람 있는가?"

회개하는 교회의 모습을 본다면 사회 구석구석에서 수많은 사람들이 기어 나오기 시작할 것이고 우리는 거기에 깜짝 놀랄 것이다! 다시 말하지만 모든 것은 우리의 가장 심각한 문제로 귀결된다. 우리에게 그분 임재의 빵이 없다는 사실이다. 우리의 교회들은 아버지보다 아버지의 재산을 더 밝히는 '전문적인 탕자들'로 가득 차 있다. 우리가 가족들의 저녁 식탁에 앉는 것은 아버지를 더 구하기 위해서가 아니라 그분을 조르고 설득해 집안의 모든 것, 이미 정당하게 우리 소유라 약속하신 것을 내놓게 하기 위해서다. 우리는 성경을 펴고 입술을 핥으며 말한다. "선물을 몽땅 받아야지. 최고의 몫, 충만한 복을 받아 내야지. 내 것을 전부 챙겨야지." 아이러니컬한 것은, 아버지를 떠나도록 탕자에게 '자금'을 대준 것이 바로 아버지의 축복이었다는 것이다! 그를 다시 아버지 품으로 돌아오게 한 것은 가난한 심령에 대한 새로운 깨달음이었다.

우리는 때로 하나님이 주신 축복을 오히려 자금줄로 삼아, 중심 되신 그리스도를 멀리 떠난다. 가장 중요한 것은, 우리의 궁극적이며 영원한 목표인 친밀한 연합 가운데 아버지와 함께 사는 집으로 돌아오는 것이다.

"주님, 우리 마음속에 주님의 재산이 아니라 주님을 향한 갈급함을 주소서. 주님의 다함없는 축복을 귀히 여깁니다. 하지만 아버지, 우리는 복 주시는 분인 주님께 갈급합니다. 오셔서 주님 임재의 참 목적을 저희에게 보이소서."

하나님 임재의 원리 8

깊 이 받 아 들 인 다

그분의 임재에 푹 젖어 주변까지 적시라.
그것이 임재의 궁극적인 목적이다.
말 한마디 하지 않아도 사람들이
그분의 향기에 취해 쓰러져야 한다.

9 자신을 깨뜨리라

내 옥합을 깨뜨려 주님께 기름부은 자들을 기억하신다

　우리는 주님을 경배하는 법을 잊어버렸다. 우리의 예배는, 끝없이 이어지는 피상적이고 무성의한 말 잔치로 전락했다. 그래서 대부분의 시간 동안 우리가 하는 일은 고작해야 '자리를 채우거나' 냉랭한 독백으로 '기도 시간을 때우는' 것이다. 그런 것이라면 하나님도 무시하실 수밖에 없으리라.

　어떤 사람들은 무거운 짐을 지고 그분께 나오다 보니, 마음이 너무 산만하거나 축 처져 있어 아버지를 보지도 못하고 그분이 우리를 얼마나 사랑하시는지 깨닫지도 못한다. 우리는 어린아이의 단순함으로 돌아갈 필요가 있다. 밤이면 나는 여섯 살 난 딸아이를 살살 흔들어 주어 재운다. 아이를 사랑하기 때문이다. 대개는 아이를 품에 안는다. 잠들기 직전 아이는 그날 있었던 문제들을 떠올리며 말한다. "아빠, 학교 운동장에서 어떤 남자애가 놀렸어요." "아빠, 오늘 받아쓰기 시험이 어려웠어요." 아이에게 그것은 커다란 문제다. 그럴 때면 나는 늘 괜찮다며 아이를 안심시켜 준다. 누가 놀이터에서 무슨 말을 했든 상관없다. 아이의 작은 실패도 아이에게 상처를 입히지 못한다. 아이가 내 품에서 쉬고 있고 내가 아이를 사랑하기 때문이다.

여섯 살 아이의 머리 속 미로에 어렵사리 들어가 아이를 다독여 주는 날이면, 나는 하루 중 최고의 시간을 누리게 된다. 어린 딸이 고개를 눕힌 채 반쯤 감긴 눈으로 나를 쳐다보며 살포시 웃어 보이는 순간이다. 그 순간 아이의 얼굴에 비치는 것은 순전한 존경과 사모함 그리고 온전한 안심이다. 그렇게밖에 표현할 길이 없다. 아이가 말하지 않아도 나는 안다. 온전한 평화 속에서 아이는 안심과 신뢰의 웃음을 머금은 채 잠에 빠져 든다.

하나님이 우리에게 원하시는 것도 똑같다. 우리는 하루를 마친 후 예배한답시고 그분 앞에 나와서는 정해진 기교와 외워 둔 말만 반복하는 경우가 너무 많다. 일터에서의 기분 나빴던 일과 그날의 일시적 문제에 온 정신이 팔려 있다 보니, 그분의 임재 안에 누워 있는 시간에도 내 문제를 말하고 희망사항을 열거하는 정도에 그친다. 그리고는 다시 다람쥐 쳇바퀴 같은 삶으로 뛰어들어 정신없이 달려간다. 우리는 온전한 평화의 자리를 찾지 못할 때가 많다.

하나님께 집중하는 예배

하나님이 우리에게 원하시는 것은 그저 그분을 보는 것이다. 물론 우리는 그분께 기분을 털어놓을 수 있고 또 그래야 한다. 하지만 그분은 정말 우리의 가장 친밀한 흠모와 예배를 받고자 기다리고 계신다. 말이나 표면적 행동을 초월하는 '중심의 예배'를 말이다. 그분은 우리 앞에 문을 열어 두셨다. 우리가 들어가 그분을 '대면해야' 한다. 영원의 문에 뒷걸음질로 들어갈 수는 없다. 정면으로 들어가야 한다. 보고 듣던 일을 멈춰야 한다. 그분은 '이리로 올라오라'고 당신을 부르고 계시며 '이 후에' 될 일을 보이실 것이다(계 4:1 참조). 그것으로 지친 아이는 평안을 얻는다.

인간의 '계산적 지성'에 이끌리는 것은 위험하다. 우리가 원인과 하나님의 뜻을 지나칠 정도로 분석할 수 있기 때문이다. 그러다 우리도 예수님 당시의 바리새인들, 사두개인들, 서기관들처럼 되고 말 것이다. 그들은 주님을 만날 기회를 놓쳤다.

적어도 나는 그러고 싶지 않다. 예수님은 당시 '하나님 임재의 집'을 상징하는 예루살렘을 보며 우셨다. 그분의 말씀은 사실상 이런 것이었다. "너희는 때를 몰랐구나. 내가 너희에게 왔으나 너희는 몰랐다. 말씀만 알았지 나를 몰랐다"(눅 19:41-44 참조). 그분이 자신의 땅에 오셨지만 그 백성들이 그분을 받아들이지 않은 것이다(요 1:11 참조).

내가 이렇게 말하는 것은 많은 사람들이 하나님의 말씀을 모르기 때문이 아니다. 주님이 자기 백성들과 새로운 차원의 친밀함을 가꾸시길 원하기 때문이다.

하나님은 당신을 부르고 계신다. 당신이 그 부르심에 담대히 응한다면 그분은 자신의 새로운 부분을 보여 주실 것이다. 천국의 깊은 공기를 호흡할 수 있을 정도로 당신을 가까이 이끄실 것이다. 다윗이 말한 '은밀한 곳'에 이르려면 모든 방해거리를 내던지고 심신과 영을 하나님께 모으는 '집중 예배'의 문을 통과해야만 한다(시 91:1 참조). 주변 모든 상황과 사람이 눈에 들어오지 않을 정도로 하나님의 임재가 강해지면 그분과의 만남 속에 치유가 찾아온다. 당신은 그 만남에서

> "아들아, 네가 제일 좋아하는 예배와 내가 좋아하는 예배는 다르다." 그때 나는, 성경이 우리에게 '여호와를 섬기라'고 거듭 말하건만 우리는 하나님한테서 '뭔가 얻으려고' 교회에 갈 때가 많다는 것을 깨달았다.

영영 '회복될' 수 없다. 야곱이 다리를 절게 된 것처럼 당신의 심령도 영원한 사랑으로 불구가 된다!¹

내가 이 여정에 올라 그분의 임재 가운데 있을 때 하나님은 내게 말씀하셨다. "아들아, 네가 제일 좋아하는 예배와 내가 좋아하는 예배는 다르다." 그때 나는, 성경이 우리에게 '여호와를 섬기라'고 거듭 말하건만 우리는 하나님한테서 '뭔가 얻으려고' 교회에 갈 때가 많다는 것을 깨달았다. 물론 우리는 섬기고 있다. 우리의 삶은 사람들과 그들의 필요를 섬기는 일로 꽉 차 있어 하나님을 섬기는 자리에 설 시간은 거의 없다. 매주 우리는 자신의 가려운 데를 긁고 단순한 필요를 채움 받은 것으로 흡족해하며 집으로 돌아간다. 다음과 같은 하나님의 세미한 음성을 우리는 언제나 들을 것인가?

"그냥 나를 사랑할 사람 없는가?"

앞서 말한 것처럼 시편 103편 1절은 "내 영혼아, 여호와를 송축하라(bless)"고 노래하건만 우리의 삶은 "주여, 내 영혼을 축복하소서"일 때가 많다.

---

1. '심령의 불구'라는 표현은 존 번연의 *The Acceptable Sacrifice*(또는 *The Excellency of a Broken Heart*, (Sterling, VA: Grace Abounding Ministries, Inc., 1988; 1958년에 간행된 Mr. O. G. Pearce, The Retreat, Harpendon, Herte, England의 재판), 21에서 따온 것이다.

영웅에 대한 하나님의 정의는 우리와 다를 것이다. 옥합을 깨뜨려 주님께 기름 부었던 '죄 많은' 여인에 대해 그분이 뭐라고 말씀하셨는지 생각해 보라. 천국에 '명예의 전당'이 있다면 그 명단 맨 위에 적힐 이름이 누구인지 알 것 같다. 옥합을 깨뜨린 여인 마리아다. 그런데 놀라운 것은 제자들이 여인의 행동에 너무 당황해 그녀를 쫓아내려 했다는 것이다. 그러나 예수님은 그녀의 행위를 순전한 예배의 영원한 기념비로 삼으셨다! 예수님이 개입하신 것은 마리아의 재능이나 미모나 종교적 공로 때문이 아니다. 그분이 두둔하신 것은 그녀의 예배다. 제자들은 "왜 이렇게 낭비하는가?"(마 26:8 참조)라고 말했지만 예수님은 "낭비가 아니라 예배"라고 말씀하셨다. 대개 이런 예배자들은, 전통적인 정책을 고수하는 교회의 시선과 의견을 무시한 채 묵묵히 예수님을 섬긴다.

그분은 우리의 흠모와 예배를 갈망하신다. 천국의 '명예의 전당'에는, 다른 아홉 명이 신경조차 안 쓸 때 홀로 하나님께 돌아와 감사드린 문둥병자처럼 비천한 자들의 이름이 즐비하다. 하나님이 "내 너를 기억한다. 너를 안다. 잘했다. 착하고 충성된 종아"라고 말씀하실 정도로 그분의 마음과 생각에 감동을 남긴 자들의 이름이 즐비하다.

그러나 우리는 예배 때마다 배은망덕한 자식처럼 굴면서 용돈과 축복만을 조른다. 하나님의 손만 구할 뿐이다. 우리는 하나님의 얼굴을 구하며 "주님만을 원합니다"라고 부르짖는 일과는 담을 쌓았다.

예수님 발치에 앉아

나는 종종 아버지의 무릎에 오른 사람들이 교회 통로를 가득 메우는 모습을 본다. 그들은 의자 밑에 얼굴을 묻고 하나님의 얼굴을 구하고 있다. 오늘 교회 안에 뭔가 일이 벌어지고 있다. 인간의 조작과는 전혀 무관한 일이다. 그런 거라면 당신도 질리지 않았는가? 하나님을 만나되 종교 지도자들의 헛된 채근과 조작이 없는, 때 묻지 않은 만남을 갖고 싶지 않은가? 하나님이 직접 보여 주시는 그분의 모습이 보고 싶지 않은가? 당신만 그런 것이 아니다. 회개의 길에 눈물 뿌리며 주님을 위해 자기 영광을 버린 여인이 있었다.

한 바리새인이 예수께 자기와 함께 잡수시기를 청하니 이에 바리새인의 집에 들어가 앉으셨을 때에 그 동네에 죄인인 한 여자가 있어 예수께서 바리새인의 집에 앉으셨음을 알고 향유 담은 옥합을 가지고 와서 예수의 뒤로 그 발 곁에 서서 울며 눈물로 그 발을 적시고 자기 머리털로 씻고 그 발에 입맞추고 향유를 부으니
예수를 청한 바리새인이 이것을 보고 마음에 이르되 이 사람이 만일 선지자더면 자기를 만지는 이 여자가 누구며 어떠한 자 곧 죄인인 줄을 알았으리라 하거늘 예수께서 대답하여 가라사대 시몬아 내가 네게 이를 말이 있다 하시니 저가 가로되 선생님 말씀하소서
가라사대 빚 주는 사람에게 빚진 자가 둘이 있어 하나는 오백 데나리온을 졌고 하나는 오십 데나리온을 졌는데 갚을 것이 없으므로 둘 다 탕감하여 주었으니 둘 중에 누가 저를 더 사랑하겠느냐 시몬이 대답하여 가로되 제 생각에는 많이 탕감함을 받은 자니이다 가라사대 네 판단이 옳다 하시고
여자를 돌아보시며 시몬에게 이르시되 이 여자를 보느냐 내가 네 집에 들어오매 너는 내게 발 씻을 물도 주지 아니하였으되 이 여자는 눈물로 내 발을 적시고 그 머리털로 씻었으며 너는 내게 입맞추지 아니하였으되 저는 내가 들어올 때로부터 내 발에 입맞추기를 그치지 아니하였으며 너는 내 머리에 감람유도 붓지 아니하였으되 저는 향유를 내 발에 부었느니라 이러므로 내가 네게 말하노니 저의 많은 죄가 사하여졌도다

이는 저의 사랑함이 많음이라 사함을 받은 일이 적은 자는 적게 사랑하느니라 이에 여자에게 이르시되 네 죄 사함을 얻었느니라 하시니 함께 앉은 자들이 속으로 말하되 이가 누구이기에 죄도 사하는가 하더라 예수께서 여자에게 이르시되 네 믿음이 너를 구원하였으니 평안히 가라 하시니라(눅 7:36-50).

　당신도 일생일대의 만남에서 영적으로 불과 몇 센티밖에 떨어져 있지 않을지 모른다. 하나님의 얼굴을 보려거든 마리아를 따라 예수님의 발치로 가라. 소중한 찬양과 예배의 옥합을 꺼내라. 당신은 보물을 너무 오래 아껴왔다. 여기 그 모든 것을 받기에 합당하신 분이 있다. 조금도 아끼지 말라!
　이 기사는 마태복음과 마가복음에도 나온다. 거기 보면 시몬은 문둥병자거나 문둥병자 출신이었다(마 26:6-7, 막 14:3 참조). 설사 그렇지 않다 하더라도 바리새인 시몬은 흉측한 위선의 죄에 빠져 있으므로 영적 문둥병자라고 할 수 있다. 우리가 최선의 것을 주님 발 앞에 드리기 위해 뛰어 들어가면, 반드시 위선의 문둥병을 앓는 바리새인들이 나타나 경멸의 눈초리로 쳐다볼 것이다. 하지만 그게 어쨌단 말인가? 그 순간 우리의 어깨에서 어떤 짐이 떨어져 나갈지 누가 아는가? "내가 너를 받는다"는 그분의 말씀을 들을 때 어떤 염려와 두려움과 불안이 사라질지 누가 아는가?
　하나님의 시선으로 볼 때 우리는 다 영적 문둥병자다. 우리도 자신을 구해 주신 분께 돌아와 감사하는 자들이 돼야 한다. 하나님이 우리를 받으셨으므로 우리는 다른 모든 거부하는 목소리를 무시할 수 있다. 왕께서 우리를 받아 치유하신 마당에 아무리 많은 다른 문둥병자들이 우리를 거부한들 무슨 대수겠는가.
　마태복음과 마가복음에 보면 마리아를 가장 맹렬히 비난한 자들은

> 하나님이 임하시기를 원하는가? 그렇다면 이 순간 당신의 삶이 아무리 복잡하고 빡빡할지라도 그분이 오실 공간을 확보하라. 하나님이 기억하실 만한 향기를 발하려면 당신의 가장 귀한 보물을 깨뜨려야 한다.

바리새인들이나 사두개인들이 아니었다. 예수님의 제자들이 당장이라도 그녀를 쫓아낼 기세였다. 그때 예수께서 재빨리 개입하셨다.

예수께서 가라사대 가만 두어라 너희가 어찌하여 저를 괴롭게 하느냐 저가 내게 좋은 일을 하였느니라… 저가 힘을 다하여 내 몸에 향유를 부어 내 장사를 미리 준비하였느니라 내가 진실로 너희에게 이르노니 온 천하에 어디서든지 복음이 전파되는 곳에는 이 여자의 행한 일도 말하여 저를 기념하리라 하시니라(막 14:6, 8-9).

하나님의 마음에 당신이 늘 있는가

예수님은, 옥합을 깨뜨려 그분의 장례에 기름 부은 이 여인이 결코 잊혀지지 않을 것이라 말씀하셨다. 다시 말해 여인은 늘 하나님의 마음에 있을 것이다. 하나님이 임하시기를 원하는가? 그렇다면 이 순간 당신의 삶이 아무리 복잡하고 빡빡할지라도 그분이 오실 공간을 확보하라. 하나님이 기억하실 만한 향기를 발하려면 당신의 가장 귀한 보물을 깨뜨려야 한다.

당신이 깨어질 때 하나님은 향기로운 냄새를 맡으신다. 그분은 당신의 뺨을 타고 흘러 턱으로 떨어지는 모든 눈물을 모으신다. 하나님께는 우리가 흘리는 모든 눈물을 담을 기억의 병이 있다고 성경은 말한다(시 56:8 참조). 그분은 당신을 사랑하신다. 그러니 기도의 골방으로 조용히 물러나, 이런 때를 위해 간수해 둔 귀한 향유 옥합을 꺼내라. 그리고 그분의 발 아래 그것을 깨뜨리며 이렇게 고백하라. "예수님, 세상 무엇보다 주님을 사랑합니다. 모든 것을 버리겠습니다. 어디든 가겠습니다. 저는 오직 주님만을 원합니다."

마리아가 머리털로 주님의 발을 씻는 데는 겸손이 필요했다. 성경에 의하면 머리털은 여자의 '영광'이었다(고전 11:15 참조). 마리아는 자신의 영광으로 예수님의 발을 씻은 셈이다. 예수님 당시 중동의 여자들은 대개 머리를 틀어 올렸고, 집을 떠나 공공장소에 갈 때는 두건이나 덮개를 둘렀다. 따라서 마리아는 주님의 발을 씻기 위해 머리털을 풀어야 했을 것이다. 영광을 '버린' 셈이다.

그러한 행동이 어떤 의미를 가지는지 이해하는 것은 중요하다. 당시 가장 흔한 신발은 발이 훤히 드러나는 샌들이었다. 그리고 이스라엘의 대다수 행인들이 다니는 길에는 낙타며 말이며 당나귀들도 지나다녔기 때문에 동물들의 배설물을 한번도 밟지 않는다는 것은 불가능한 일이었다. 샌들은 그런 배설물로부터 발을 보호해 주는 역할을 했고, 실내에 들어갈 때 손님들은 문간에서 샌들을 벗는 것이 관례였다. 그럼에도 불구하고 손님들의 발에는 여전히 동물 배설물을 포함한 각종 더러움이 남아 있었을 것이 분명하다. 그래서 손님들의 더러운 발 씻어 주는 일은 집안에서 가장 비천한 종의 몫이었다. 손님의 발을 씻는 종이라면 '인간 축에도 못 드는 하찮은 소모품 노예'로 통했고 노골적인 멸시를 당했다.

이제 이해가 되는가. 마리아가 보여 준 행동이 얼마나 겸손한 예배의 모습인지. 그녀는 자신의 머리털 즉 '영광'을 버려 주님 발의 동물 배설물을 닦았다. 우리의 의와 영광은 그분의 발을 닦는 데나 소용되

는 더러운 걸레에 지나지 않는다!(사 64:6 참조)

　당시에는 집에 오는 손님을 정말 모욕하고 천대할 생각이면 종들한테 그의 발을 씻어 주지 못하게 하면 되었다. 외면의 정결함이 전부였던 바리새인의 집에서는 특히 그랬다. 예수님이 분명히 지적하셨듯이 그분이 시몬의 집에 들어가셨을 때 발을 씻어 주는 사람이 아무도 없었다(눅 7:44 참조). 시몬은 예수님을 부르기는 했지만 그분을 대우할 생각은 전혀 없었던 것이다. 우리도 예배에 하나님의 임재를 원하면서도 마땅히 그분을 예배하지 않거나 무시할 때가 얼마나 많은가?

　교회는 너무 오래 전부터 하나님을 '오시라'고 청해 놓고는 그분을 높은 자리에 모시지 않았다. 이는 우리가 진정 원한 것이 그분의 '손재주'였다는 뜻이다. 우리는 그분의 신적 치유와 초자연적 선물과 그분이 행하실 수 있는 모든 기적을 원했다.

　그러나 정말 그분을 높일 생각은 없었다. 내가 그렇게 말할 수 있는 근거는 무엇일까? 우리들의 교회 예배가 하나님과 사람들 중 누구를 기쁘게 하려는 맞춤식 예배인지 자문해 보면 알게 된다. 예배 후에 교회의 영향력 있는 사람이 "좋았습니다. 즐거웠어요"라고 말하는 것과 하나님이 "좋았다. 내가 즐거웠다"고 말씀하시는 것 중 어느 것이 더 중요한가?

　이전에 하나님이 우리 예배에 들어오셨을 때, 하던 일을 다 멈추고 그분을 높인 적이 얼마나 되는가? 오히려 그분의 등장을 우리의 깔끔한 그러나 '틀에 매인' 일정을 방해하는 것으로 여기지 않았던가? 마리아는 그 집에 엄연히 초대받은 손님이신 그분을 주인이 얼마나 불손하게 대했는지 느꼈을 것이다. 그녀는 그것이 못내 가슴 아팠다. 그 슬픔에 마치 수문 열린 댐처럼 눈물이 하염없이 솟구쳤으리라. 예수님의 발에 떨어진 눈물이 하도 많아 마리아는 글자 그대로 그 물로 그분 발의 더러움을 씻어 낼 수 있었다!

그런데 주님의 발에 남아 있는 동물 배설물 찌꺼기는 무엇으로 닦아 낼 것인가? 그녀는 위신이나 권한이 전혀 없는 사람이었기에 수건을 청할 수 없었다. 주인이나 하인이 대령한 수건은커녕 손에 아무것도 없던 마리아는 머리를 풀어 그 '영광'으로 주님의 발을 닦았다.

그녀는 주님이 그 집에서 당하신 박대와 공공연한 멸시를 자기가 대신 취했다. 그분이 당하신 노골적 거부의 모든 흔적을 아름다운 머리털로 없애고 자신의 것인 양 덮어썼다. 그것이 하나님 마음에 어떻게 가 닿았을지 상상할 수 있겠는가? 그 순간 예수님은 다들 보는 데서 주인을 나무라신다. 자신의 심정을 우리에게 열어 보이신다.

여자를 돌아보시며 시몬에게 이르시되 이 여자를 보느냐 내가 네 집에 들어오매 너는 내게 발 씻을 물도 주지 아니하였으되 이 여자는 눈물로 내 발을 적시고 그 머리털로 씻었으며 너는 내게 입맞추지 아니하였으되 저는 내가 들어올 때로부터 내 발에 입맞추기를 그치지 아니하였으며 너는 내 머리에 감람유도 붓지 아니하였으되 저는 향유를 내 발에 부었느니라 이러므로 내가 네게 말하노니 저의 많은 죄가 사하여졌도다 이는 저의 사랑함이 많음이라 사함을 받은 일이 적은 자는 적게 사랑하느니라(눅 7:44-47).

내 영광을 버려야 한다

하나님은 내게 "마리아는 나를 섬기려고 자기 영광을 버렸다"고 말씀하셨다. 제자들이 모두 다 그 자리에 있었다면 그날 그 방에는 최소한 12명의 사람들이 있었다. 그러나 그중 어느 누구도 여인이 그날 얻

> 우리는 기름부음 받은 자들을 좋아한다. 그러나 그분은 '기름 붓는 자들'을 좋아하신다! 그들은 그분의 얼굴과 발을 구하는 자들이다. 향유를 붓는 자, 눈물로 씻는 자, 그분의 재산보다 그분을 더 사랑하는 겸손한 자들이다.

었던 친밀함을 얻지 못했다. 베드로, 야고보, 요한 등 다들 좋은 사람들이었음에도 그것을 놓쳤다. 이 사실을 잘 보라. 우리도 제자가 되어 일하느라 바빠서 예배를 놓칠 수 있다! 정말 우리가 없으면 하나님이 일을 못하신다고 생각하는가? 그분은 천국의 발코니로 걸어 나와 손바닥으로 물을 떠 오대양을 만드신 창조주가 아닌가? 땅을 주물러 산맥을 만드신 분도 하나님이 아닌가? 그렇다면 그분은 분명 우리가 있어야만 일하실 수 있는 분이 아니다. 그분이 원하시는 것은 당신의 예배다. 예수님은 우물가의 여인에게 말씀하셨다. "참된 예배자가 아버지께 영과 진리로 예배 드릴 때가 오는데…아버지께서는 이렇게 예배드리는 자들을 찾고 계신다"(요 4:23 참조).

하나님을 그토록 애타게 갈급해하는 모습에 부딪치자 제자들은 불안해져 소리쳤다. "누구 이 여자 좀 말려요!" 오늘 교회의 목사들과 장로들과 집사들도 이와 마찬가지다. 그러나 예수가 말씀하셨다. "아니다. 이제야 제대로 할 일을 하는 사람이 나왔다. 행여 말릴 생각 말아라!" 교회는 옥합을 든 마리아들이 들어설 여지를 주지 않는다. 그들은 '만인이 보는 앞에서' 영광과 자존심과 자아를 버림으로써 남은 우리를 불안하게 만들기 때문이다. 가장 큰 문제는 우리의 자아와 자기중심적 영광이 불빛처럼 번쩍이며 겸손의 자리를 가로막는다는 것이다.

하나님은 자기 백성에게 말씀하고 계신다. "네가 네 영광을 버리면 내가 너를 내 곁으로 이끌겠다." 그분의 말씀이 계속 내게 들려온다.

"네 영광을 버려라. 네 자아를 내다 버려라. 네가 누구든, 기분이 어떻든, 너 자신을 얼마나 중요하게 생각하든 상관없다. 나는 너를 원한다. 단 먼저 네 영광을 버려야 한다." 왜일까? 종종 인간의 영광을 묻을 때 하나님의 영광이 태어나기 때문이다.

마리아는 열정에 못 이겨 "누가 본들 어떠랴?"의 경지까지 갔다. 어쩌면 이 글을 읽고 있는 지금, 마음속에 줄다리기가 느껴질지도 모른다. 만일 그렇다면, 장담컨대, 주님 발 아래 엎드려 자비와 용서를 구하고 싶은데도 고개를 뻣뻣이 세우고 '밀고 나가는' 법을 이미 배운 것이다. 당신은 '꾸며 낸 자아'라는 껍질을 사랑으로 깨뜨려야 한다. 당신은 그분을 얼마나 사랑하는가? 하나님은 당신이 그것을 공개적으로 세상에 담대히 알리기 원하신다. 멸시하는 제자들이 가득 찬 방 안에서 당신의 영광을 버려야 한다 할지라도 말이다. 옥합을 깨뜨리는 자가 되라! 당신의 보배가 담긴 상자를 깨뜨리라. 그리고 내면의 열정을 공식적으로 표현함으로써 그 행위를 마무리하라.

하나님은 당신의 종교적 봉사가 필요 없다. 그분은 당신의 예배를 원하신다. 그분이 받으실 수 있는 유일한 예배는 겸손에서 나오는 예배다. 그러니 그분을 보기 원하거든 당신의 영광을 버리고 눈물로 그분의 발을 씻어야 한다. 거기 아무리 오물이 많다 해도 말이다. 솔직히 그거야말로 당신의 영광이 소용될 유일한 일 아닌가? 우리의 의는 그분 보시기에 더러운 걸레와 같다(사 64:6 참조).

기름 붓는 자

우리는 하나님께 기름부음 받은 자들을 '떠받든다.' 하지만 하나님이 기념하시는 자들은 누구인가? 예수님은 마리아가 한 일이 '전해져 사람들이 이 여인을 기념하게 될 것'이라고 말씀하셨다(마 26:13). 우리는 기름부음 받은 자들을 좋아한다. 그러나 그분은 '기름 붓는 자들'을 좋아하신다! 그들은 그분의 얼굴과 발을 구하는 자들이다. 향유를 붓는 자, 눈물로 씻는 자, 그분의 재산보다 그분을 더 사랑하는 겸손한 자들이다.

내가 알기로 마리아는 실제로 예수님께 두 번 기름을 부었고 그 뒤로도 한 번 더 부으려 했었다. 누가복음 7장이 첫째 기사다. 그녀는 죄인으로 나아와 용서받고 싶은 간절한 심정으로 그분의 발에 기름을 부었다. 그 다음은 마태복음 26장과 마가복음 14장에 나와 있다. 예수님의 지상 사역이 끝날 무렵 그녀는 그분의 머리에 기름을 부었다. 예수님은 그것이 '자신의 장례를 준비하기 위한 것'(마 26:12)이라고 친히 말씀하셨다.

한번 상상해 보라. 주님이 하늘에도 땅에도 가당찮은 존재인 양 모두에게 버림받아 하늘과 땅 사이의 십자가에 달려 마지막 숨을 쉬고 있다. 그때 그분이 맡으신 냄새는 무엇인가? 자신의 부어오른 얼굴에 흘러내리는 짭짤한 피 냄새보다 강하고, 주사위를 던지며 떠드는 병사들의 목소리와 유대 제사장들의 비웃음 소리를 압도할 만큼 강한 그 냄새는 무엇인가? 그분의 머리칼에 배어 있던 지난 예배의 향기였다. 그분은 옥합의 향유 냄새를 맡고 있다! '기름 붓는 자'에게 받은 예배의 기억이 그분의 결의를 굳게 한다. 그렇게 그분은 당면한 과제를 '다 이루신다.'

생전의 그분께 기름을 부었던 마리아는 십자가의 주님을 보며 말한다. "죽으신 몸에 향유도 바르지 않고 그냥 둘 수는 없다." 그녀가 주님의 시신에 바르려고 다시 귀한 향유를 들고 무덤에 갔지만 무덤은 비어 있었다. 허망함에 다시금 가슴이 찢어질 듯 하여 그녀는 격한 울음을 터뜨린다. 오, 기름 붓는 자의 사랑이여! 그들은 죽어 버린 꿈에도 기름을 붓고자 한다.

귀 익은 울음 소리가 들려왔을 때 예수님은 막 무덤에서 나와 자비의 보좌에 흘린 피를 뿌리러 가시던 길이었다. 이거야말로 예수님 생애의 가장 중요한 일이었을 것이다. 거룩하고 정결한 지상의 대제사장으로서 이루신 가장 중요한 일을 천국에서 완성하시는 과정이었기 때문이다. 이스라엘의 대제사장들은 의식상 부정해지지 않도록 극도로 조심해야 했고 따라서 누구를 막론하고 여자는 절대로 그들을 만질 수 없었다.

그런데 하늘로 오르시려는 찰나에 예수님은 '기름 붓는 자' 즉 자신의 영광을 버리고 그분의 발을 씻어 준 여인을 만났다. 예수님은 어쩌면 하늘로 오르는 야곱의 사다리 맨 밑 칸에 한 발을 올리신 채 갑자기 멈추시고 말씀하셨을 것이다. "저 여인이 다시 기름을 부으러 왔구나. 귀한 향유와 찬양의 제사를 가지고 왔는데 받아야 할 내가 저곳에 없구나." 그래서 그분은 평생 가장 중요한 일을 하러 가시던 걸음을 멈추고 말씀하신다. "저 여인에게 알리지 않고 그냥 갈 수는 없지."

참된 예배자는 글자 그대로 하나님의 목적과 계획을 중단시킬 수 있다. 가장 귀한 향유 옥합을 깨뜨려 자신에게 부었던 사람 앞에서 예수님은 하시려던 일을 멈추었다. 그분은 그녀의 눈물을 보시고 가던 걸음을 멈추고 그녀 뒤로 가셨다. 그리고 마침내 말씀하셨다. "마리아야, 마리아야."

하나님의 아들을 멈추게 한 것은 무엇인가? 천국의 존귀한 대제사장께서 왜 전직 창녀의 눈물 앞에 은혜의 보좌로 오르려던 걸음을 멈추신 것일까? 이것만은 말할 수 있다. 그분은 '명예의 전당'에 오른

> 하나님의 아들을 멈추게 한 것은 무엇인가? 천국의 존귀한 대제사장께서 왜 전직 창녀의 눈물 앞에 은혜의 보좌로 오르려던 걸음을 멈추신 것일까? 이것만은 말할 수 있다. 그분은 '명예의 전당'에 오른 자들에게만 그렇게 해 주신다.

자들에게만 그렇게 해주신다. 처음에 마리아는 그분을 알아보지 못했다. 그분이 달라졌기 때문이다. 그녀는 물었다. "그분을 어디다 두셨나요? 제 눈에 낯익은 그분의 모습을 어디다 두셨나요?" 그녀는 부활하신 그리스도가 동산지기인 줄 알았다. 이것은 오늘 하나님의 영광이 정면으로 응시하는데도 알아보지 못하기 일쑤인 우리들과 닮았다.

주님이 "마리아야" 하고 부르시자 마침내 마리아는 울음을 그치고 그분의 목소리를 듣는다. 그분의 형상은 썩어질 것에서 썩지 아니할 것으로 바뀌었다. 그분의 모습은 이 세상 것에서 이 세상에 속하지 않은 것으로 바뀌었다. 그분은 서둘러 말씀하신다. "마리아야, 나를 만지지 말아라. 십자가의 희생을 다시 당할 생각은 정말 없다. 그러니 나를 만지지 말아라. 하지만 마리아야, 너한테 꼭 알려주고 싶었다. 나는 괜찮다. 가서 제자들한테 전해라(요 20:17 참조)." 그분은 마리아에게 자신을 만지지 말라고 말씀하셔야만 했다. 마리아가 당연히 만지리라는 것을 아셨기 때문이다. 아울러 그분은 마리아가 마음만 먹으면 금방이라도 만질 수 있을 만큼 가까이 계셨음이 틀림없다. 대제사장이신 예수가 예배자를 위해 부정해질 위험까지 무릅쓰신 셈이다.[1]

하나님은 옥합을 깨뜨리는 예배자들과 향기로운 기름을 붓는 자들

---

1. 물론 우리는 예수님의 죽음이 단번의 영원한 것임을 안다. 그것은 다시 반복될 필요가 없으며 부활로 영원히 인쳐진 것이다. 여기서 내 요지는 설사 마리아 때문에 십자가 희생이 무효화된다 해도—물론 불가능한 일이다—그분은 역시 마리아를 부르셨을 것이라는 점이다.

에게 예언적 비밀을 귀띔해 주신다. 자신의 영광과 자아를 버리고 그분의 수치를 내 것으로 당하는 자들에게 하나님은 최고의 영광스런 모습으로 마주서신다.

하나님의 속삭임

마리아를 향한 그분의 신뢰의 차원을 보라! 하나님과 특별히 친한 듯 보이는 몇몇 사람들에게 그 비결을 묻고 싶었던 적이 있는가? 어쩐 이유에선지 하나님이 늘 그 곁에 가까이 계신 것 같은 이들이 있다. 분명히 말하건대 그것은 그들이 설교를 잘하거나 노래 실력이 일류여서가 아니다. 그들은 자신의 자아와 영광을 버릴 줄 아는 자들이다. 그들은 모든 것을 내던지고 오직 상한 심령과 겸손한 마음으로 그분 발 아래 엎드려 경배한다. 바로 이 소수의 소중한 사람들을 위해 하나님은 하늘로 오르려던 걸음까지 친히 멈추시고 그들의 기다리는 마음에 비밀을 속삭여 주실 것이다.

마리아의 옥합을 하나님이 깨뜨리지 않았다는 점에 주목하기 바란다. 마리아가 깨뜨려야 했다. 우리도 그렇게 하나님과 만나기 원한다면 자신을 '깨뜨려야' 한다. 가장 높은 차원의 예배는 깨어진 마음에서 온다. 정상에 오르는 지름길이나 공식은 없다. 아무도 대신해 줄 수 없다. 자기 자신만이 할 수 있는 일이다. 하지만 그렇게 한다면 하나님이 우리와 함께 시간을 보내기 위해 가던 걸음을 멈추실 것이다.

우리의 보물 옥합이 쩍 갈라지는 소리가 그분의 귀에 들린다면, 우리가 고개 숙여 영광을 버리는 몸짓이 그분께 가 닿는다면, 그분은 무슨 일을 하고 계셨든 도중에 멈추실 것이다. 하나님은 상하고 통회하는 마음을 그냥 지나치실 수 없기 때문이다(시 51편 참조). 그분은 천지를 옮기고라도 우리를 찾아오실 것이다.

부흥이 있는 교회들이 있다. 허다한 사람들이 그렇지 못한데 유독 하나님과 친밀한 사람들이 있다. 이유를 알고 싶은가? 답은 그들이 깨어진 자들이라는 것이다. 우리의 심령이 깨어질 때 하나님의 귀와 시선이 우리에게 향한다. 그분을 향한 우리의 사랑이 다른 사람들의 시선에 대한 두려움을 능가할 때 그 일은 시작된다. 체면 차리면서 하나님의 얼굴을 구할 수는 없다. 영광을 버리라. 우리 영광의 '끝'이 곧 하나님 영광의 '시작'이다.

하나님 임재의 원리 9

내 영광을 버린다

자신의 영광을 버려 주님을 섬긴
마리아는 하나님의 걸음까지도 멈추게 했다.
옥합을 깨뜨리고 기름 붓는 자들을
그분은 기억하신다. 그리고 찾아와 만져 주신다.

10 간절히 기도하라

간절한 기도를 잊지 않으시고 결국은 응답하신다

　하나님이 "너는 내 얼굴을 볼 수 없다"고 말씀하시면, 우리 대다수는 종교적 의무를 다하는 것으로 만족하며 얼른 평소의 삶으로 돌아간다. 하나님의 가장 깊고 귀한 보배를 얻으려면 자아에 대해 죽어야 하건만, 그 사실을 아는 순간 우리는 대개 그분을 더 이상 좇지 않는다. 그분의 임재가 값싸게 주어지지 않는 이유를 알아내야 함에도 불구하고 우리는 그 질문을 하지 않는다.

　주제넘다고 생각해서일 수도 있고 단순히 그분의 답이 두려워서일 수도 있다. 모세는 끈질겼다. 그는 하나님을 좇는 것이 주제넘은 일이 아님을, 그분을 위한 일임을 알았다. 그거야말로 하나님의 가장 큰 열망이요 기쁨이다.

　하나님의 영광을 보고 그분을 대면하려는 이 불타는 열망이야말로 이 땅의 부흥과 개혁, 하나님 뜻의 성취에 있어서 가장 중요한 열쇠 중 하나다. 우리는 1500년간 하나님의 영광을 구한 고대 족장 모세를 유심히 살펴볼 필요가 있다. 4장에서 살펴본 것처럼 모세가 하나님께 "주의 영광을 내게 보이소서"라고 말했을 때 주님은 "모세야, 그럴 수 없다. 죽은 자들만이 내 얼굴을 볼 수 있다"고 답하셨다. 다행히 모세는 거기서 그치지 않았지만, 불행히 교회는 거기서 그쳤다.

모세가 하나님의 첫 대답에 만족했다면 쉬웠을 것이다. 하지만 그는 그러지 않았다. 모세는 이기적이거나 주제넘지 않았다. 그는 물질적 풍요나 개인적 명성을 구하지 않았다.

기적이나 은사를 구한 것도 아니다(바울도 고린도 교인들에게 보낸 편지에서 더욱 큰 은사를 사모하라고 우리에게 가르치지 않았던가). 모세는 단지 하나님을 원했다. 그거야말로 우리가 그분께 드릴 수 있는 최고의 선물이자 송축이다. 다만 모세는 그분을 구해야만 했고 그것은 쉽게 주어지지 않았다.

모세가 가로되 원컨대 주의 영광을 내게 보이소서 여호와께서 가라사대 내가 나의 모든 선한 형상을 네 앞으로 지나게 하고 여호와의 이름을 네 앞에 반포하리라 나는 은혜 줄 자에게 은혜를 주고 긍휼히 여길 자에게 긍휼을 베푸느니라 또 가라사대 네가 내 얼굴을 보지 못하리니 나를 보고 살 자가 없음이니라 여호와께서 가라사대 보라 내 곁에 한 곳이 있으니 너는 그 반석 위에 섰으라 내 영광이 지날 때에 내가 너를 반석 틈에 두고 내가 지나도록 내 손으로 너를 덮었다가 손을 거두리니 네가 내 등을 볼 것이요 얼굴은 보지 못하리라 (출 33:18-23).

모세가 하나님과 이런 대화를 나누던 때는, 이스라엘 백성이 시내 산으로 가까이 오라는 하나님의 명을 어기고 이미 그분께 등을 돌린 후였다. 그분의 임재 구름 속으로 담대히 나아간 자는 모세였다. 백성은 두려워 떨며 모세와 제사장들에게 하나님과의 사이에 중재해 줄 것을 요구했다. 죄 때문에 그분이 두려웠던 것이다. 회막의 은밀한 구름 속에 종종 들어갔던 모세는 그 이상의 것을 담대히 원했다.

모세의 간절한 요청

모세가 이스라엘 백성을 대신해 산꼭대기에서 하나님을 구하고 있는 동안 그의 형 대제사장 아론은 여론의 압력에 떠밀려 순순히 금송아지 우상을 만들었다. 백성은 골짜기에서 자신들의 쾌락을 추구했다. 그때 모세는 하나님이 손가락으로 돌판에 율법 새기는 것을 보고 있었다. 이 일이 있은 후 하나님은 모세에게, 이스라엘 백성을 약속의 땅으로 들여보내겠지만 본인이 같이하시지 않고 천사를 보내겠다고 하셨다. "나는 너희와 함께 올라가지 아니하리니 너희는 목이 곧은 백성인즉 내가 중로에서 너희를 진멸할까 염려함이니라"(출 33:3). 다음은 모세의 대답이다.

보시옵소서 주께서 나더러 이 백성을 인도하여 올라가라 하시면서 나와 함께 보낼 자를 내게 지시하지 아니하시나이다 주께서 전에 말씀하시기를 나는 이름으로도 너를 알고 너도 내 앞에 은총을 입었다 하셨사온즉 내가 참으로 주의 목전에 은총을 입었사오면 원컨대 주의 길을 내게 보이사 내게 주를 알리시고 나로 주의 목전에 은총을 입게 하시며 이 족속을 주의 백성으로 여기소서 여호와께서 가라사대 내가 친히 가리라 내가 너로 편케 하리라 모세가 여호와께 고하되 주께서 친히 가지 아니하시려거든 우리를 이곳에서 올려보내지 마옵소서(출 33:12-15).

모세는 모든 이스라엘 백성과 더불어 하나님의 기적과 초자연적 공급을 보고 겪었다. 현대 교회도 마찬가지다. 적어도 어느 정도는 말이다. 어디든 우리가 가는 데로 함께 가시겠다는 하나님의 확답과 약속이 주어진다면 우리들 대다수는 펄쩍 뛰며 기뻐할 것이다. 하지만 누가 우리에게 갈 곳을 일러 줄 것인가? 모세는 지혜롭게 이렇게 대답

> 하나님은 비유적으로 "모세야, 내가 너한테 선물 즉 '안식'을 주마"고 말씀하셨고 모세는 "저는 선물을 원치 않습니다. 주님을 원합니다"라고 받았다. 그러나 오늘날 교회는 선물 주시는 분은 쳐다보지도 않을 정도로 성령의 선물이라면 사족을 못 쓴다.

했다. "주님께서 우리를 인도하시지 않을 것이라면 저는 아무 데도 가지 않겠습니다." 하나님께 우리와 함께 가시자고 하는 것도 '좋지만' 그분이 우리와 함께 가겠다고 하는 것은 '더 좋다'는 것을 모세는 알았다. 하나님은 모세와 협상하시며 말씀하셨다. "내가 너를 편케 하리라."

나는 하나님의 이 '편케 하심'이 신약 교회에 성취된 것이 바로 '성령의 초자연적 은사'라고 생각한다. 이 은사가 있기에 우리는 최소한의 노력으로도 몸된 교회를 효과적으로 훈련하고 섬길 수 있다. 성경은 이사야 28장 11-12절에서 "생소한 입술과 다른 방언으로 이 백성에게 말씀하시리라 전에 그들에게 이르시기를 이것이 너희 안식이요…"라고 말한다. 나는 여기서 말씀하신 '안식'이 곧 성령의 은사(방언 포함)라고 믿는다.

하나님은 비유적으로 "모세야, 내가 너한테 선물 즉 '안식'을 주마"고 말씀하셨고 모세는 "저는 선물을 원치 않습니다. 주님을 원합니다"라고 받았다. 그러나 오늘날 교회는 선물 주시는 분은 쳐다보지도 않을 정도로 성령의 선물이라면 사족을 못 쓴다.

우리는 하나님의 선물을 가지고 노는 재미에 빠져 그분께 감사하는 것마저 잊어버렸다. 하나님의 자녀로서 우리가 할 수 있는 최고의 일은 선물을 가만히 내려놓고 아버지의 무릎에 앉는 것이다. 선물이 아니라 선물 주시는 분을 구하라! 그분의 손이 아니라 그분의 얼굴을 구하라!

이스라엘 백성은 하나님의 능하신 행적에 감사드릴 시간조차 없었다. 자신들의 육신적, 개인적 욕망과 관련된 희망사항과 불만사항을 파악하기에 바빴던 것이다. 오늘 우리들 대다수도 똑같이 하고 있다. 그러나 모세는 그 이상의 것을 원했다. 그는 기적을 체험했다. 하나님의 음성을 들었고 그분의 구원의 능력을 보았다. 당대를 산 그 어떤 사람보다도 모세는 하나님의 명백한 임재를 더 많이 체험했다. 물론 아직 한시적으로 방문하신 '제한적 임재'였다.

그렇게 하나님을 보고 체험할수록 모세는 구름 너머에 훨씬 많은 것이 자신을 기다리고 있음을 알았다. 그는 '방문' 이상의 것을 원했다. 그의 영혼은 그분의 '거주'를 갈망했다. 그는 불붙은 떨기나무나 구름 속에서 들려오는 하나님의 음성을 듣고 그분의 손가락을 보는 것으로 만족할 수 없었다. 그는 두려움을 넘어 사랑으로 나아갔다. 그의 불타는 열망은 하나님의 내주하시는 임재였다. 그래서 출애굽기 33장 18절에서 하나님께 애원했던 것이다.

"원컨대 주의 영광을 내게 보이소서."

모세는 하나님의 얼굴을 보기 원했다! 하나님은 이스라엘을 위한 모세의 요청은 속히 들어주셨다. 자신의 임재가 여전히 백성들을 앞서리라 약속하신 것이다. 하지만 그분은 모세의 가장 간절한 요청은 그대로 들어주시지 않았다. 일단 하나님은 자신의 모든 선한 형상을 모세 앞으로 지나게 하시겠다고 말씀하셨다. 그리고 모세를 이름으로 안다고 하셨다. 하지만 뒤이어 하나님은 모세에게 이렇게 설명하셨다. "네가 내 얼굴을 보지 못하리니 나를 보고 살 자가 없음이니라"(출

33:20). 그 말씀으로 얘기는 끝난 셈이다.

그러나 모세는 어딘가 길이 있을 것만 같았다. 하나님은 모세에게 말씀하셨다. "봐라. 너는 내 얼굴을 볼 수 없다. 하지만 내 곁에 한 곳이 있다. 거기서 너는 멀리 사라지는 내 뒷모습을 볼 수 있다"(출 33:21-23 참조).

대부분의 사람들은 이 대답에 충분히 만족했을 것이다. 그러나 모세는 주님 임재의 초자연적 기쁨을 맛본 사람이다. 그가 터득 중이던 하나님의 맛은 '안전 거리'로는 만족할 수 없는 것이었다. 내면에 갈급함의 불씨가 당겨졌기에, 모세는 하나님의 임재로 인한 죽음까지 불사했다. 그 갈급함은 죽음을 통과하고 1500년의 세월이 흐른 뒤에야 채워진다.

하나님은 모세에게 이튿날 아침 산에 올라와 "내게 보이라"고 명하셨다. 하나님은 당신의 영광이 지나는 동안 모세를 바위 틈에 감추실 참이었다. 흥미로운 절차다. 하나님의 말씀은 이런 것이었다. "내가 그곳에 가기 전에 미리 손을 내밀어 너를 덮을 것이다. 그 후에야 네 곁을 지날 것이다. 내가 지나간 후 손을 거두면 너는 그때 고개를 내밀어 내가 간 방향을 보면 된다. 멀리 사라지는 나의 '뒷모습'만 조금 보게 될 것이다"(출 33:22-23 참조).

구름 뒤의 영광

모세는 하나님이 지나신 자리를 보았다. 시간을 만드시고 시간 속에 침투해 들어오신 하나님의 발자국을 보았다. 하나님의 멀어지는 영광이 그의 눈앞에 단 한번 번쩍인 후 그는 초자연적 통찰로 역사를 추적해 올라갈 수 있었다. 이 체험 후에도 모세는 그 이상의 것을 원했으나 하나님의 말씀은 똑같았다. "모세야, 너는 아직 살아 있기 때문에 내 얼굴을 볼 수 없다."

모세는 성막을 비롯해 자신이 하나님께 받은 모든 것 이면에 더 위대한 뜻이 있음을 알았다. 그는 하나님을 알아야 하고 그분의 영원한 뜻이 성취되는 것을 봐야 한다는 절박한 필요성을 느꼈다. 그것이 가능한 유일한 길은 하나님의 얼굴을 들여다보는 것임을 모세는 알았다. "저는 주님의 영광을 봐야 합니다. 완성품을 봐야 합니다." 모세의 갈급한 심령은 시공과 영원의 한계를 가로지르는 기도와 끈기를 낳았다.

당신도 하나님을 향한 견딜 수 없는 갈급함으로 그분을 구한다면, 그분은 그 누구에게도 해주시지 않을 일을 오직 당신에게만 해주실 것이다.

이 얘기의 결론은 구약에 나오지 않는다. 모세의 삶에 시작된 갈급함의 결말을 보려면 1500여 년의 시간을 뛰어넘어 새 시대, 새 언약으로 가야 한다. 하나님을 향한 모세의 불붙는 갈급함에서 나온 기도를 하나님은 결코 잊으실 수 없었다. 하나님의 영광을 봐야겠다는 모세의 기도는 15세기 동안 매일, 매주, 매년 하나님의 귀에 계속 메아리쳐 마침내 오랜 세대 후 예수가 제자들에게 이스라엘의 한 산에 가겠다고 말씀하시는 날에 이른다.

하나님이 모세의 심령에 심어 주신 그 기도는 시간의 한계를 뛰어넘는 영원한 기도였다. 그 기도는 모세가 지상에서 마지막 숨을 거두던 날 끝난 것이 아니었다. 마침내 응답되는 그 순간까지 그 기도는 하나님의 보좌에 계속 메아리쳤다.

그 순간은 예수 그리스도의 지상 사역 말기에 찾아왔다. 예수님이 가장 신실한 제자 셋을 따로 불러 대동하고 높은 산에 올라가신 날이

> 하나님이 모세의 심령에 심어 주신 그 기도는 시간의 한계를 뛰어
> 넘는 영원한 기도였다. 그 기도는 모세가 지상에서 마지막 숨을
> 거두던 날 끝난 것이 아니었다. 마침내 응답되는 그 순간까지 그
> 기도는 하나님의 보좌에 계속 메아리쳤다.

었다. 예수님은 이미 다음과 같은 말씀으로 제자들을 추려 내곤 하셨다. "누구든지 제 목숨을 구원코자 하면 잃을 것이요 누구든지 나를 위하여 제 목숨을 잃으면 찾으리라"(마 16:25). 이 말씀은 오늘의 우리에게도 여전히 걸리는 말씀이다. '죽음'이 들어 있기 때문이다.

예수님은 제자들에게 삶을 쏟아 부으셨건만 그들은 그분이 하시는 일과 그 이유를 좀처럼 깨닫지 못했다. 그들은 그분의 가르침을 좋아했지만 그 뜻을 깨닫는 기색은 거의 없었다. 그분이 행하시는 기적을 보는 것은 좋았지만 그 배후의 더 큰 뜻은 전혀 파악하지 못했다. 제자들은 그분이 하시는 일을 조금이나마 이해하려 애쓰며 그저 그분을 따라다녔다.

그날 예수님은 세 제자를 데리고 산으로 올라가 기도를 시작하셨다. 1세기의 제자들도 20세기의 제자들과 별반 다르지 않았던 것이 분명하다. 기도만 하라고 하면 졸기 시작하니 말이다.

이 말씀을 하신 후 팔 일쯤 되어 예수께서 베드로와 요한과 야고보를 데리시고 기도하시러 산에 올라가사 기도하실 때에 용모가 변화되고 그 옷이 희어져 광채가 나더라 문득 두 사람이 예수와 함께 말하니 이는 모세와 엘리야라 영광 중에 나타나서 장차 예수께서 예루살렘에서 별세하실 것을 말씀할새 베드로와 및 함께 있는 자들이 곤하여 졸다가 아주 깨어 예수의 영광과 및 함께 선 두 사람을 보더니 두 사람이 떠날 때에 베드로가 예수께 여짜오되 주여 우리가 여기 있는 것이 좋사오니 우리가 초막 셋

을 짓되 하나는 주를 위하여, 하나는 모세를 위하여, 하나는 엘리야를 위하여 하사이다 하되 자기의 하는 말을 자기도 알지 못하더라 이 말할 즈음에 구름이 와서 저희를 덮는지라 구름 속으로 들어갈 때에 저희가 무서워하더니 (눅 9:28-34).

구름이 다시 등장한다. 마치 이런 것 같다. "아차…저들이 깨어나면 '영광'을 보게 될 텐데. 구름들아, 어서 우리를 덮어라."

제자들이 잠든 후에야 비로소 하나님이 육체의 옷 즉 예수 그리스도 안에 있는 하나님의 영광을 가리고 있던 것을 벗기셨다는 사실에 주목하기 바란다. 오늘 우리는 그 산을 '변화산'이라 부른다. 성경에 주님의 옷이 '하얗고 빛이 나게' 됐다고 했기 때문이다. 여기 '빛난다'는 말의 헬라어 '에그자스트랍토(exastrapto)'는 '번개나 불빛처럼 번쩍이다, 광채를 발하다'[1]는 뜻이다. 제자들이 자고 있는 사이 예수 그리스도는 홀로 영광을 드러내시며, 번개 같은 옷으로 즉 태초부터 계시던 하나님 영광의 빛으로 지상을 적시고 계셨다.

"이제 나를 보이겠다"

그 순간 그분이 마치 이렇게 말씀하시는 것 같다. "이제 됐다. 미가엘과 가브리엘(두 천사장)아, 가서 모세를 불러와라. 드디어 모세가 내 영광을 볼 때가 왔다." 그들은 야곱 사다리의 먼지를 털어 내고 가져와 천국의 현관에서 땅으로 드리운다. 모세는 전에 한번도 가 보지 못한 곳으로 내려온다. 자기 백성의 약속의 땅이다. 생전에 모세는 요단

---

1. W. E. Vine, *Vine's Expository Dictionary of Old and New Testament Words* (Old Tappan, NJ: Fleming H. Revell Company, 1981), 'dazzling(눈부심)' 항목, 제1권, 272.

강 저편 광야에 서서 약속된 부흥의 땅을 쳐다만 보았을 뿐 그곳에 들어갈 수는 없는 운명이었다. 그는 하나님의 영광을 보려 기도했으나 죽기 전에는 볼 수 없었다. 모세가 죽고 그 불망의 기도가 그분의 귀에 날마다 쉬지 않고 메아리친 지 1500년이 지난 오늘, '사형수 입장'을 거친 모세가 드디어 하나님의 드러난 영광을 본다.

우리가 죽은 후에도 우리의 기도는 살아 있다는 사실을 기억하라. 1500년간 모세의 기도는 하나님의 마음에 계속 울렸다. "주의 영광을 내게 보이소서. 주의 영광을 내게 보이소서. 주의 영광을 내게 보이소서!" 하나님은 영원이 시공의 제한된 범위를 가로지를 날을 정해 친히 약속을 하셔야만 했다. "모세야. 이제 네가 죽었으니 그 기도에 응답하려 하노라!"

바로 이런 이유 때문에 나는 앞서간 선배들의 신실하고 끈질긴 기도에 대해 읽을 때마다 흥분된다. 이 시대의 성도들이 에이미 샘플 맥퍼슨과 윌리엄 세이무어의 대열에 합류해 간절히 기도하는 모습을 볼 때 내 심장은 뛴다.

하나님 백성의 합심 기도가 차고 넘쳐 마침내 그 메아리가 정점에 달해 하나님의 귀에 이르면 그분도 더는 지체할 수 없게 된다. 하나님은 상한 심령과 통회하는 마음으로 그분의 얼굴을 구하는 자들의 기도를 그냥 지나치실 수 없다. 보좌 위에 높이 계신 하나님이 마침내 이렇게 말씀하실 날이 온다. "이제 됐다!"

모세는 "주의 영광을 내게 보이소서"라고 기도했고 그 기도가 응답되는 데 1500년이 걸렸다. 졸린 세 제자는 모세의 잊혀지지 않았던 기도 덕을 보고 있었다. 그러나 그들은 오늘날 졸고 있는 교회를 위협하는 것과 동일한 덫에 빠졌다. 모세는 그날 그 산에 내려와 하나님의 드러난 영광을 보았다. 그가 떠날 때에야 제자들은 잠에서 깼다. 영광이

다 사라지고 예수가 작별하고 계실 때였다. 그러나 세 제자는 사라지는 영광의 찰나적 모습만으로도 너무 황홀해 그곳에 세 기념비를 세우고 거기 눌러앉으려 했다! 그때 성부 하나님이 하늘에서 말씀하셨다. "아니다. 이건 아무것도 아니다. 너희는 아무것도 보지 못했다"(눅 9:34-35 참조).

하나님은 우리가 그분의 은밀한 것을 찾아 가까이 오기 원하신다. 그러나 우리 중에는 하나님의 순간적 계시로 만족하는 사람들이 있다. 그분은 모세처럼 집요하게 좇는 자들의 기도를 한없이 귀히 여기신다.

하지만 우리가 그분 영광의 부분적이고 불완전한 계시 앞에 기념비나 세우려 한다면 그분은 극구 막으실 것이다. 특히 우리가 깨어진 죽음과 기도로 그 계시에 대한 대가를 전혀 치르지 않았다면 더 말할 것도 없다. 우리는 매사가 빨리, 쉽고, 값싸게 이뤄지기 원한다. '전자렌지 부흥'이다. 그런 일들치고 우리 안에 경건한 성품을 길러 줄 만한 것이 전혀 없음을 하나님은 아신다. 그분은 말씀하신다.

아무든지 나를 따라 오려거든 자기를 부인하고 자기 십자가를 지고 나를 좇을 것이니라 누구든지 제 목숨을 구원코자 하면 잃을 것이요 누구든지 나를 위하여 제 목숨을 잃으면 찾으리라 사람이 만일 온 천하를 얻고도 제 목숨을 잃으면 무엇이 유익하리요 사람이 무엇을 주고 제 목숨을 바꾸겠느냐(마 16:24-26).

지금까지 미약하나마 나는 내가 할 수 있는 한 다 설명해 봤다. 다만 내가 아는 전부는 이것이다. 내가 죽을수록 하나님은 가까이 오신다는 것. 당신이 하나님을 얼마나 알고 갈망하고 있는지 나는 모른다. 그러나 당신이 기꺼이 자아에 대해 죽는다면 하나님은 당신에게 자신을

> 현대의 성도들은 하나님의 영광에 닿는 지름길을 찾느라 많은 시간을 보낸다. 우리는 자신이 살고 있는 도시의 부흥을 원하지만, 부흥은 사람들에게 갈급함이 있을 때만, '대리 중보 기도자들'이 자신들이 짓지도 않은 죄를 인해 회개할 때만 온다.

더 많이 보여 주실 것이다. 고린도후서 12장 2절에서 사도 바울은 셋째 하늘에 이끌려간 자(바울 자신)를 안다고 말했다. 이 사도는 그저 하나님에 대해 안 것이 아니다. 그는 하나님을 알았다. 그 친밀한 지식을 그는 어떻게 얻었을까? 바울은 "나는 날마다 죽는다"(고전 15:31 참조)고 말했다.

현대의 성도들은 하나님의 영광에 닿는 지름길을 찾느라 많은 시간을 보낸다. 우리는 고통 없는 소득을 원한다. 우리는 자신이 살고 있는 도시의 부흥을 원하지만, 부흥은 사람들에게 갈급함이 있을 때만, '대리 중보 기도자들'이 자신들이 만나 보지도 못한 사람들을 위해 자신들이 짓지도 않은 죄를 인해 회개할 때만 온다. 그러나 사람들은 그런 말을 듣고 싶어하지 않는다. 바울은 말했다. "내 형제, 내 동족을 위해서라면 나 자신이 저주를 받아 그리스도에게서 끊어지는 것마저 감수하겠습니다"(롬 9:3 참조).

당신은 하나님의 섭리로 이 책을 읽고 있다. 오늘 어디선가 어떤 모양으로든, 하나님께 잊혀지지 않은 기도가 응답되고 있다. 그러나 당신은 죽음을 피하여 하나님이 당신 앞에 두신 희생의 제단에서 달아나고 있을 수도 있다. 실은 우리 모두가 그럴 수도 있다. 최고의 축복은 하나님의 손에서 오지 않는다. 친밀한 관계 가운데 그분의 얼굴에서 온다. 마침내 그분을 뵙고 영광의 그분을 알 때 당신은 모든 능력의 참 근원을 얻는다.

죽을수록 가까이 오시는 분

모세의 하나님은 오늘 당신에게도 자신을 보여 주실 뜻이 있다. 하지만 그것은 '값싼' 축복이 될 수 없다. 당신이 누워 죽어야 한다. 당신이 죽을수록 그분은 가까이 오실 수 있다.

주변 사람들의 기대와 시선일랑 잊어야 한다. '종교의 원칙'에 대한 생각을 일체 버려야 한다. 하나님께 있어 육신의 원칙이란 죽음 하나뿐이다. 하나님은 교회의 정의를 바꾸시는 중이다. 그분은 불을 보내 그분께로부터 오지 않은 것들을 모두 태우시는 중이다. 그러니 당신이 잃을 것은 육신뿐이다. 하나님은 종교적인 사람들을 찾지 않으신다. 그분의 마음에 꼭 맞는 자들을 찾으신다. 하나님은 그분을 원하는 자들, 축복보다 그분 자체를 원하는 자들을 찾으신다.

나는 이 세대가 부흥에 아주 가깝다고 믿는다. 그러나 하나님은 이 거리를 그냥 지나쳐 정말 그분을 원하는 사람들이 있는 다른 곳으로 가실지도 모른다. 나는 그런 모습은 보고 싶지 않다. "어디선가 일어날 일입니다. 하지만 저희가 아니라면 누구입니까? 주님, 주님의 선물들이 놀랍지만 저희는 그것으로 족할 수 없습니다. 우리는 주님을 원합니다." 부흥의 공식은 지금도 똑같다.

내 이름으로 일컫는 내 백성이 그 악한 길에서 떠나 스스로 겸비하고[회개의 제단에서 죽고] 기도하여 내 얼굴을 구하면[단지 부흥이나 순간적 강림을 구하는 것이 아니라] 내가 하늘에서 듣고 그 죄를 사하고 그 땅을 고칠지라(대하 7:14).

하나님이 교회의 정의를 바꾸시는 만큼, 그분의 영광의 구름 속에서 나오는 교회는 당신과 내가 마땅하다고 여기는 교회상과 영 딴판

일 소지가 높다. 지금 하나님이 교회의 소유권을 되찾아 그분께로 가까이 이끌고 계시기에 그 일은 분명 일어날 것이다.

우리는 담대히 그분의 영광에 가까이 다가갈 수 있는가? 하나님은 정말 이스라엘 자손들이 모세와 함께 올라와 그분께로부터 직접 십계명을 받기를 원하셨다. 그러나 그들은 하나님의 임재에서 달아났다. 오늘날 교회도 똑같이 행할 위험에 처해 있다. 우리는 우리 안의 뭔가가 죽을 위험을 감수하고 담대히 하나님의 영광에 가까이 나아갈 수도 있고, 돌아서 인간의 전통과 안전한 종교적 율법주의, 그리고 인간이 운영하는 교회 예배로 내뺄 수도 있다. 구도자 위주의 예배도 좋지만 성령 위주의 예배는 곧 부흥이다!

회개의 예배를 통해 하나님께 편한 자리 즉 인간에게 불편한 자리를 만들자. 하나님께 편한 자리란 사람들이 육신을 벗는 곳이다. 인간에게 편한 자리란 육신의 쿠션이 푹신푹신한 곳이다. 오늘 우리의 교회들은 하나님보다 인간에게 더 편한 곳이다!

이스라엘 백성들은 죽음에 대한 두려움 때문에 하나님의 친밀한 임재에서 자신들을 격리, 단절시켰다. 반면 모세는 하나님의 영광을 덮은 빽빽한 흑암 속으로 가까이 나아갔다. 지금은 교회가 예수님의 십자가를 진정 끌어안을 때다. 우리는 갈급함에 이끌려 육신의 죽음 너머에 있는 하나님 영광의 생명과 빛으로 나아가야 한다. 그것이 살아계신 하나님 교회의 운명이다. 하지만 그것은 우리가 '종교적 관행과 철저히 통제된 강림'이라는 안전한 울타리를 버리고, 초자연적 하나님과 대면할 때 겪을 위험과 불확실성을 감수할 때만 가능한 일이다.

하나님은 우리가 그분의 영광에서 돌아서, 눈물의 대가도 치르지 않은 순간적 계시에 혹해 한심한 기념비나 세우는 것을 원치 않으신다. 구원은 값없는 선물이지만 하나님의 영광은 우리의 전부를 요구한다. 그분은 우리가 영원히 내주하시는 그분의 영광 안에 들어와 살기 원하신다. 그분의 임재와 영광에 흠뻑 젖어 평생 어디를 가든 그분의 임재를 품고 다니기 원하신다. 그것만이 하나님의 영광이 이 나라의 상가로, 미장원으로, 식당으로 파고들 유일한 길일 것이다.

하나님의 영광은 그분의 방법대로 온 지면을 덮도록 돼 있다. 어디선가 시작돼야 한다. 영광이 강처럼 흘러 지면을 덮으려면 육신의 샘이 터지고 천국의 창이 열려야 한다. 예수님은 "그 배에서[너희 뱃속에서] 생수의 강이 흘러나리라"(요 7:38)고 말씀하셨다. 그분의 영광이 지면을 덮으려면 우리가 온전히 그분께 바쳐져야 한다.

기름부음과 영광의 차이는 하나님의 손과 얼굴의 차이다. 하나님의 영광에 닿는 길은 우리를 곧바로 제단으로 데려간다. 거기서 우리는 모든 것을 내려놓고 죽어야 한다. 결국 우리는 '사형수 입장'이 되고 하나님 영광에 사로잡혀 그분을 대면하게 될 것이다. 그밖에는 아무것도 필요치 않다. 다른 것은 전혀 필요 없다. 하나님의 자녀들이 장난감을 내려놓고 아버지의 무릎에 기어올라 그분의 얼굴을 구할 때, 빵집(교회)에는 다시 한번 갓 구운 빵과 좋은 선물들로 가득하게 될 것이다. 굶주린 자들은 늘 그토록 고대해 온 영원한 만족을 얻게 될 것이다.

그분은 우리를 실망시키지 않으신다. 하나님은 친히 우리에게 잡혀 주신다. 자녀와 잡기 놀이를 하는 아버지가 사랑스레 웃는 자녀에게 잡혀 주는 것처럼 하늘 아버지도 그렇게 잡혀 주신다. 실은 우리가 지쳐 포기하려는 찰나에 그분이 돌아서 우리를 잡으신다. 그분은 우리의 사랑에 '잡히기' 원하신다. 그분은 사랑스런 웃음의 만남을 간절히 고대하신다. 에덴동산 이후로 그분은 인간과의 그런 시간을 그리워하셨다. 하나님을 좇는 사람들은 직관적으로 그것을 알았다. '불가능한 것' 이 자신을 잡을 줄 알았기에 그들은 '잡을 수 없는 것' 을 기꺼이 좇았다. 하나님을 좇은 한 유명한 사람은 이렇게 말했다.

오직 내가 그리스도 예수께 잡힌 바 된 그것을 잡으려고 좇아가노라(빌 3:12).

바울은 그분을 잡았다!
당신도 잡을 수 있다! 와서 하나님을 좇는 자들의 대열에 동참하라!
'추적' 은 계속되고 있다.

하나님 임재의 원리 10

포 기 하 지 않 는 다

간절한 기도는 하나님의 마음에 메아리친다.
"주의 영광을 내게 보이소서!"
모세의 기도는 1500년 뒤에 응답되었다.
기도는 응답되고 그분이 나타나신다. 그분의 얼굴을 보라.